高等法律职业教育系列教材
审定委员会

高等法律职业教育系列教材

侦查学基础理论

ZHENCHAXUE JICHU LILUN

主　编○曾德梅　王亮

中国政法大学出版社

2020·北京

图书在版编目（ＣＩＰ）数据

侦查学基础理论/曾德梅，王亮主编. —北京：中国政法大学出版社，2020.1
ISBN 978-7-5620-9413-5

Ⅰ.①侦…　　Ⅱ.①曾…　　Ⅲ.①刑事侦查学　　Ⅳ.①D918

中国版本图书馆CIP数据核字(2019)第300524号

出　版　者	中国政法大学出版社
地　　　址	北京市海淀区西土城路 25 号
邮　　　箱	fadapress@163.com
网　　　址	http://www.cuplpress.com（网络实名：中国政法大学出版社）
电　　　话	010-58908435(第一编辑部) 58908334(邮购部)
承　　　印	保定市中画美凯印刷有限公司
开　　　本	787mm×1092mm　1/16
印　　　张	8.5
字　　　数	176 千字
版　　　次	2020 年 1 月第 1 版
印　　　次	2020 年 1 月第 1 次印刷
印　　　数	1～3000 册
定　　　价	26.00 元

总　序

高等法律职业化教育已成为社会的广泛共识。2008 年，由中央政法委等 15 部委联合启动的全国政法干警招录体制改革试点工作，更成为中国法律职业化教育发展的里程碑。这也必将带来高等法律职业教育人才培养机制的深层次变革。顺应时代法治发展需要，培养高素质、技能型的法律职业人才，是高等法律职业教育亟待破解的重大实践课题。

目前，受高等职业教育大趋势的牵引、拉动，我国高等法律职业教育开始了教育观念和人才培养模式的重塑。改革传统的理论灌输型学科教学模式，吸收、内化"校企合作、工学结合"的高等职业教育办学理念，从办学"基因"——专业建设、课程设置上"颠覆"教学模式："校警合作"办专业，以"工作过程导向"为基点，设计开发课程，探索出了富有成效的法律职业化教学之路。为积累教学经验、深化教学改革、凝塑教育成果，我们着手推出"基于工作过程导向系统化"的法律职业系列教材。

《国家中长期教育改革和发展规划纲要（2010～2020 年）》明确指出，高等教育要注重知行统一，坚持教育教学与生产劳动、社会实践相结合。该系列教材的一个重要出发点就是尝试为高等法律职业教育在"知"与"行"之间搭建平台，努力对法律教育如何职业化这一教育课题进行研究、破解。在编排形式上，打破了传统篇、章、节的体例，以司法行政工作的法律应用过程为学习单元设计体例，以职业岗位的真实任务为基础，突出职业核心技能的培养；在内容设计上，改变传统历史、原则、概念的理论型解读，采取"教、学、练、训"一体化的编写模式。以案例等方式导出问题，根据内容设计相应的情境训练，将相关原理与实操训练有机地结合，围绕关键知识点引入相关实例，归纳总结理论，分析、判断解决问题的途径，充分展现法律职业活动的演进过程和应用法律的流程。

法律的生命不在于逻辑，而在于实践。法律职业化教育之舟只有驶入法律实践的海洋当中，才能激发出勃勃生机。在以高等职业教育实践性教学改革为平台进行法律职业化教育改革的路径探索过程中，有一个不容忽视的现实问题：高等职业教育人才培养模式主要适用于机械工程制造等以"物"作为工作对象的职业领域，而法律职业教育主要针对的是司法机关、行政机关等以"人"作为工作对象的职业领域，这就要求在法律职业教育中对高等职业教育人才培养模式进行"辩证"地吸纳与深化，而不是简单、盲目地照搬照抄。我们所培养的人才不应是"无生命"的执法机器，而是有法律智慧、正义良知、训练有素的、有生命的法律职业人员。但愿这套系列教材能为我国高等法律职业化教育改革作出有益的探索，为法律职业人才的培养提供宝贵的经验、借鉴。

2016 年 6 月

前 言
Foreword

侦查学基础理论是刑事侦查技术专业的核心课程，其主要授课对象是刑事侦查技术专业的学生，该专业学生就业岗位主要是监狱或社会的一线侦查部门，其工作任务的特殊性要求培养的预备警察必须掌握一定的侦查学理论基础，才能在实际工作中游刃有余。

随着新时期侦查研究的不断深入，加之我国《刑法》《刑事诉讼法》及侦查的相关部门法规经历了数次修订，侦查的相关内容也发生了相应的变化，有了极大的丰富与发展。当前，大量侦查学基础理论的相关教材体系过于冗杂，内容过于深涩，适合职业类教学的很少。本书本着理论与实践结合、探索与继承并重的宗旨，广泛征求了理论界和实务部门的专家学者的意见，以理论指导实践、实践反哺理论的思路，结合司法警官教育的教学需求和司法警官院校的学生特点，从什么是侦查学、侦查是什么、侦查是如何运行的这三个问题的解决来安排内容架构，从宏观上体现了"问题导向"的职业教育模式，着重培养刑事侦查技术专业学生的侦查意识与侦查思维，夯实专业学生的侦查基本功，为学习其他刑事侦查技术专业主干业务课程的学习打下坚实的基础。

侦查学本身是一个博大精深的研究领域，其应用性极强，知识更新周期短。为保证教材内容的与时俱进，避免教材频繁修订带来的资源浪费，本教材在每章节末都通过二维码设置了线上知识链接。编者会结合专业发展、相关法律修订等因素不定期地在线上补充诸如法律修订条文、学术前沿探讨、重点案例分析等内容，以期通过线上线下学教相辅的模式将教材的可读性、应用性、新颖性和学术性有机结合起来。

本书由曾德梅、王亮任主编，李亚可、周亚萍任副主编，周小凤参编。

具体写作及分工如下（以撰写内容先后为序）

王亮：第一章、第八章

李亚可：第二章、第七章

曾德梅：第三章、第九章

周亚萍：第四章、第五章

周小凤：第六章

曾德梅对全书进行了修改、统稿和整理。

必须指明的是，编者在编写该教材的过程中，参阅了众多同行专家、学者们颇有见地的论著，一些侦查机关及兄弟院校的朋友也提供了大量的、宝贵的意见，在此，向他们致以我们最为诚挚的感谢。凭借与他们所进行的讨论或通过拜读他们的作品，我们对侦查学基础理论有了更准确的把握和更深层次的理解。本教材得以顺利出版，得益于以上巨人肩膀的衬托，同时也离不开中国政法大学出版社、广东司法警官职业学院的大力支持与密切合作，在此一并表示感谢！欢迎广大读者和专家对本教材提出批评和建议。

编　者

2019 年 12 月 3 日

图书总码

第一部分　什么是侦查学

第二部分　什么是侦查

第三部分　侦查是如何运行的

第一部分　什么是侦查学

第 一 章

侦查学概述

重点导引

1. 什么是侦查学？
2. 侦查学的结构体系。
3. 侦查学的学科性质及特点。

第一节 侦查学的概念与研究对象

马克思主义犯罪观认为，侦查是一种几乎和犯罪同时产生的社会职能活动，即侦查工作作为国家的职能之一，有着悠远的历史。然而，以侦查活动为研究对象的，作为全面指导侦查实践的侦查科学真正登上历史舞台却始于 19 世纪末期一位名为汉斯·格罗斯（1847-1915 年）的司法官撰写的《司法检验官手册》的出版。汉斯·格罗斯1847 年生于奥地利，毕业于格拉茨大学法律专业，毕业后进入当地的检察机关从事侦查工作。侦查实践经验丰富的他在书中集当时侦查科研成就和实践经验之大成，把侦查对策方法与法医学、毒物学、显微学、人体测量法、笔记学、枪弹检验、司法化学等技术方法合为一体，并创造了一个新的名词"侦查学"，后来这一名词被欧美各国学者采用。《司法检验官手册》被誉为现代侦查学和物证技术学的发端，而汉斯·格罗斯本人由于其在侦查领域的开拓性贡献，则被称为"现代侦查学之父"。

一、侦查学的概念

（一）侦查学名称之争

不管是在侦查的实践过程中还是在其理论文献的查阅中，我们不难发现，对侦查学的称呼可谓是多种多样，常见的如"刑事侦查学""犯罪侦查学""侦查学""侦察学"等。前期很多教材及相关文献都已对"侦查"与"侦察"进行了较为详尽的阐述及区分，再加之对侦查活动进行规范的《刑事诉讼法》已经明确了"侦查"这一术语，所以本教材在此就不再赘述。而针对是用"刑事"还是"犯罪"来对侦查进行限定的问题，由于侦查活动本身只适用于犯罪案件的侦查，有别于民事调查或侦探活动以及军事侦察，所以不对其进行限定也不会混淆，而且使用"侦查学"一词还更显简练。

（二）侦查学的概念

最先给侦查学下定义的是"侦查学之父"汉斯·格罗斯，他在《司法检验官手册》一书中提出了"自然科学知识在犯罪调查中的运用就是侦查学"的观点，随后英美国家的法学家也基本沿用了这个定义。而法国学者又在此基础上对科学知识的内涵进行了补充，认为侦查学是借用生物、物理、化学以及许多人文科学与各类技术综合的方法和手段来确定犯罪证据、并识别罪犯的一门科学。显然，这里用于侦查的科学知识不仅限于自然科学，还包括社会科学。与此类似的定义还有苏联1980年出版的《苏维埃犯罪侦查学教程》中对侦查学的定义，即苏维埃犯罪侦查学是一门关于如何通过在利用专门科学和总结侦查实践经验的基础上研究制定的手段、措施和方法，对犯罪组织进行有计划的侦查，按照《刑事诉讼法》有效地搜集和检验证据，以及预防犯罪的科学。这个定义中的专门科学将自然科学和技术科学以及社会科学等多方面的科学内容都涵盖了，具有高度的概括性，同时还揭示了侦查活动预防犯罪的功能。后来1984年出版的《犯罪侦查学》中将犯罪侦查学定义为揭露犯罪案件的科学，此定义较为准确地表达了侦查学这门学科的用途，即研究和完善揭露犯罪案件的方法，指导侦查实践活动。

中华人民共和国成立以后，侦查学这门学科的建设也蓬勃发展起来。1984年出版的《中国大百科全书》给犯罪侦查学的定义是以实现《刑法》和《刑事诉讼法》的任务为目的，为揭露犯罪，揭发与证实犯罪人而研究如何查明案情、收集证据、查缉罪犯的方法、措施以及技术手段的一门科学。1986年修订出版的《犯罪侦查学》认为，犯罪侦查学是研究如何揭露犯罪和证实犯罪的科学。1991年出版的《侦查学》明确肯定侦查学是以实现我国《刑法》《刑事诉讼法》的任务为目的研究查明案情、收集证据、揭露和证实犯罪分子的规律和方法。

结合上述国内外学者对侦查学的定义，以及侦查学的本质特征即是涉及有关刑事犯罪的侦查活动，我们认为侦查学是以刑事案件侦查活动规律为对象，研究侦查机关依据法定程序，运用有效的策略方法，查明案情、收集证据、查获犯罪嫌疑人、追究犯罪嫌疑人刑事责任的一门科学。

二、侦查学的研究对象

任何一门科学都有自己的研究对象。这种研究对象的特殊性，是一门科学区别于其他科学的依据。毛泽东曾经指出："科学研究的区分，就是根据科学对象多具有的特殊的矛盾性。因此，对于某一现象的领域所特有的某一矛盾的研究，就构成了某一门科学的对象。"[1] 侦查学的研究对象就是侦查学所研究的特殊矛盾，是侦查学区别于其他科学的依据。这一问题是侦查学的根本问题，决定着侦查学的学科位置和发展方向，对侦查学的应用研究有着十分重要的作用。

侦查学研究的特殊矛盾是侦查活动及其规律，其特定性与内涵表现如下：

（一）"侦查活动及其规律"的特定性

侦查活动是法律授权的侦查机关依照有关法律为揭露、证实犯罪，揭发犯罪人而进行的专门工作。侦查活动的主体、对象、方法和后果都具有特定性，这种特定性决定着侦查活动的性质和特点。

1. 侦查主体所行使的侦查权是一项国家权力，具有一定的强制性，这决定了侦查活动的主体是具有特定主体资格的机构和人员，而其主体资格必须由法律来规定和认可。除了法律特别授权的主体外，其他任何机关、团体和个人都不得行使侦查权，开展侦查活动。

2. 侦查活动是一项刑事司法活动，针对的对象是刑事犯罪或刑事案件。侦查是刑事诉讼不可缺少的一个重要部分，侦查活动对刑事犯罪或刑事案件进行揭露，是起诉和审判活动的前提和基础。

3. 侦查活动是一项专门性很强的法律活动，有其特定的规律。侦查活动的规律，是指行使侦查权的主体在特定的侦查情势下以一定的科学原理为指导而采取的灵活有效的方法。灵活有效的方法虽然要遵循有关的法律、法规的规定，但并不具备法律规定的强制性，而只是法律规定的具体化、策略化，有别于刑事诉讼法和有关的侦查法规中规定的禁止性、限制性或建议性的法律内容。例如，我国《刑事诉讼法》规定的讯问是一项重要的侦查活动，《刑事诉讼法》对这项活动进行了明确的程序规定，如讯问的人员数量、讯问时的笔录制作规范以及明文禁止的刑讯逼供等行为。而侦查学无疑也要研究讯问，但它是在遵循刑事诉讼法相关规定的基础上更多地关注讯问的策略性规律，即面对此类嫌疑人采取何种策略方法才会让讯问更加有效。

综上，侦查学是研究侦查主体实施的具有刑事司法活动属性的侦查活动及其规律的科学。对侦查学下此定义，既可以将侦查学与研究侦查活动法律程序规定的刑事诉讼法学相区别，又可以将侦查学与研究侦查活动中所采取的技术方法的物证技术学相区分，进而充分地体现侦查学研究对象的特定性。

（二）"侦查活动及其规律"的内涵

1. "侦查活动及其规律"是侦查活动的一般原理，这其中包括侦查活动的一般概

[1]　参见《毛泽东选集》（第1卷），人民出版社1991年版，第284页。

念、侦查活动的理论依据、侦查活动的历史渊源、侦查活动的基本原则、侦查活动的基本形式等。侦查活动的一般原理从理论上或宏观上研究侦查活动的一般规律，属于对侦查活动进行理论研究的范畴，对侦查活动的实施研究或应用研究具有指导意义。

2. "侦查活动及其规律"主要体现在刑事案件侦查的程序和方法上。侦查活动的对象是具体的刑事案件，刑事案件侦查的规律主要体现在侦查的程序和方法中。刑事犯罪活动的规律特点，是侦查活动决策的客观依据。当然，这里所指的刑事案件的侦查规律是有层次的，既包括刑事案件侦查的一般规律，也包括各类刑事案件侦查的规律。因此，侦查学既要从总体上研究和把握刑事犯罪活动的一般规律特点，也要研究和把握局部地区的犯罪活动情况与各类案件的规律特点，知己知彼，有针对性地制定相关策略来指导侦查活动。

3. "侦查活动及其规律"的内涵还包括具体侦查行为的实施策略和方法。侦查活动总是由具体的侦查主体和具体的侦查行为构成的，因此，具体侦查行为的成败在一定意义上决定着整个案件侦查活动的成败。具体侦查行为的规律是研究整个侦查活动规律的基础，对具体侦查行为规律的研究也是整个侦查学研究的基础。

由此可见，侦查活动的一般原理、刑事案件侦查的程序和方法以及具体侦查行为的实施策略和方法构成了侦查活动规律的主要内容，三者是一个多层次的、有机联合的整体。

第二节　侦查学的结构体系

侦查学是研究侦查活动及其规律的科学，其特定的研究对象决定了它有别于其他学科的结构体系。侦查学的结构是其研究内容间逻辑关系的客观反映，即确定侦查学研究对象、内容之间的内在的、本质的、必然的联系。然而由于侦查学的结构体系制约着侦查学的内外关系，影响着侦查学的发展方向，因此对于侦查学结构体系的构建问题始终是侦查学理论研究的热点。

一、侦查学结构体系的历史发展

侦查作为一种古老的社会活动有着悠久的历史，按照马克思主义的犯罪观，侦查是刑事犯罪现象的必然伴生物，是随着私有制、阶级、国家的出现而出现的。而有犯罪，就有与之相适应的遏制手段，由此，早期侦查活动开始登上历史舞台，各种侦查策略、侦查技术不断出现，构成了侦查发展进程中的主旋律。

中国作为世界文明的发源地，早在两千多年前的秦代，即出现了规定有关侦查活动程序和方法的法律著作《封诊式》，宋代更是出现了产生世界影响的、与侦查活动密切相关的、世界上现存最早的系统法医学著作《洗冤集录》和著名的三部侦查书籍

《疑狱集》《折狱龟鉴》《棠阴比事》。侦查人员在长期同犯罪作斗争的过程中摸索出了大量行之有效的方法，但由于缺乏系统化和理论化的研究与总结，侦查学的种子未能在华夏土地上萌芽。

到了 19 世纪中后期，资本主义的发展导致犯罪频发。为了适应对付资本主义社会犯罪现象的社会需求，资本主义世界兴起的以人体测量法、指纹鉴定法和笔迹鉴定法为先声的侦查学分支学科就构成了侦查科学诞生的先奏曲。1893 年，奥地利人汉斯·格罗斯在总结自身实践经验及先驱性人物在摄影技术、文书检验、指纹鉴定、枪弹检验、毒物检验、血痕检验等领域已经取得的丰硕成果的基础之上，出版了一部名为《司法检验官手册》的著作，这部著作后来被中外学者视为侦查学诞生的标志物。汉斯·格罗斯在《司法检验官手册》中将其结构体系划分为两部分：一部分是犯罪现象，主要论述犯罪及其规律特点；另一部分是侦查的科学方法，包括侦查策略方法和物证技术方法。在这本著作中，汉斯·格罗斯集当时侦查科学研究成就和实践经验之大成，把侦查对策方法与法医学、毒物学、显微学、人体测量学、笔记学、枪弹检验、司法化学等技术方法合为一体，并将之归结为一个新名词"侦查学"。

欧美侦查学主要是指以美国为代表的资本主义国家的侦查学，其侦查学著作论述的都是刑事技术或物证技术方面的内容，比起汉斯·格罗斯时代的大侦查学，欧美侦查学则演化为专门研究物证技术方法的学科，虽然也是法学体系的组成部分，但更多地具有技术性学科的属性。然而，尽管欧美侦查学的内容较多地专注技术的研究，但在一些侦查著述中仍然会论及侦查的技术方法、策略方法和破案方法。例如，美国侦查学家卡尔斯·奥哈里和格列高里·奥哈里所著的《刑事侦查学基础》一书中虽然认为侦查只是一门"艺术"而非"科学"，但在具体阐述这门"艺术"时，却包含了信息情报、讯问、技术方法的内容，其中有侦查措施、各类案件侦查方法、侦查员出庭作证、侦查报告等。

20 世纪 20 年代中晚期，由苏联总检察长安·扬·维辛斯基主编的第一部苏联高等院校通用的侦查学教材，将侦查学定义为"为了揭露各种犯罪行为，查明犯罪人并寻求预防犯罪的方法而采用的关于发现、收集、固定和检验诉讼证据的技术上和策略上的手段和工具的科学"。很显然，该定义除了有"技术上的手段和工具"外，还包含有"策略上的手段和工具"。可见，此教材已不再将"犯罪现象"单独作为侦查学体系的一部分，而将"技术上的手段和工具"和"策略上的手段和工具"确定为侦查学体系的"要素"。侦查策略内容的独立化和地位的提高反映了刑事犯罪的复杂化和侦查学体系发展的必然趋势。随着各类新型犯罪的不断出现，每一类犯罪案件的特点及其侦查的差异越来越明显，侦查策略方法和技术方法在具体侦查情势下的组合问题使其自然而然地成为侦查学第三个方面的内容。例如，苏联高等法律院校 1935 年和 1936 年出版的第一部上、下册的通用教科书，上册书名为《侦查的技术和策略》，下册书名为《各类犯罪侦查方法》，"侦破方法"在侦查学体系中取得了独立的地位。20 世纪 50 年代以后，苏联侦查学已发展成为一门"关于如何利用在专门科学和总结实践的基础上研究制定的设备、手段和方法，对犯罪有组织、有计划地侦查，按照诉讼法规有效地收集、检验物证以及预防犯罪的科学"。至此，侦查学的"三块体系"——设备、手段、方法，也即侦查技术、侦查策略、侦破方法正式形成。

中国最早可以认定的侦查学是20世纪30年代末国民党统治时期编译的《侦探学》。此时侦查学的内容还未形成严密的逻辑体系，多源于侦查工作中实用的技术方法和策略措施的简单排列，如盯梢、抓捕、摄影、指纹、信检、犯罪隐语等知识的介绍。中华人民共和国成立后的很长一段时期内，我国侦查学的发展是停滞不前的，甚至没有独立的、自成体系的侦查学专业教材，一些政法院校的法律系虽开设有名为"犯罪对策学"的课程，但内容和体系都大多照搬当时苏联的侦查学。进入20世纪70年代末期，我国侦查学的发展在改革开放的大好形势下出现了繁荣景象。由于前期研究基础的薄弱，刚刚起步的中国侦查学研究不可避免地出现了复杂的局面，侦查学的结构体系也不统一。受苏联的影响，80年代初，重新确立的侦查学体系基本沿袭了苏联的侦查学体系，内容多为侦查技术、侦查措施、侦破方法的组合，但在具体内容的阐述上却各有侧重。例如，司法部法学教材编辑部编审的高等学校法学教材《犯罪侦查学》，由"发现、收取和检验痕迹物证的技术手段，查明案情、收集证据的侦查措施和各类刑事案件的侦破方法"三部分组成。当时，司法系统除了有其统编的法学教材《犯罪侦查学》外，所属政法院校也有自编的《犯罪侦查学》或《刑事侦查学》。这些教材基本上按照"三块"结构体系组织内容，但涉及的侦查技术方法只限于同一认定领域（包括刑事照相、痕迹技术、枪弹检验、文书检验、刑事登记、外貌识别等），侦查措施也多是《刑事诉讼法》所规定的侦查措施，侦破方法则集中在公安机关侦查部门分管的若干类案件的侦查和检察机关分管的贪污、贿赂案件的侦查。同一时期，公安部系统也组织编写了统编教材《刑事侦查学》，与司法部统编教材不同的是，这些教材在侦破方法上只论及了公安机关管辖的几类案件的侦查，而在侦查措施部分增加了秘密侦查措施的内容，并且对犯罪的防范控制问题进行了专门的论述。进入20世纪80年代，侦查学的发展更加迅猛，"政治侦查学""检察机关自侦案件侦查学""经济犯罪侦查学""狱内犯罪侦查学"等以侦查学命名的教材也纷纷出现，与侦查学相关的专著也大量出现。与此同时，有关侦查学体系的观点也出现了异议，许多学者开始探讨侦查学传统的三块结构体系的准确性，并提出了一些新的模式构想。例如，有人认为侦查学的体系是由刑事犯罪活动规律特点和侦查对策方法两方面的内容构成；还有人认为，侦查学体系除了侦查技术、侦查措施和侦破方法外，还应包括"侦查谋略"。20世纪80年代后期，随着现代科学技术的迅猛发展，刑事技术领域也不断拓展。为了深入推进刑事技术的研究，国内有些学者参照欧美国家的学科分类方法，建议将侦查学内的刑事技术内容从侦查学中分离，而与诉讼中运用的其他物证技术方法合并，成为一门新的科学门类——物证技术学。此建议已被教育部所采纳，相关物证技术学和侦查学的教材已出版。至此，我国侦查学中的刑事侦查内容已完成了向物证技术学合并的任务。

二、侦查学结构体系的争论

尽管国家教育部、司法部、公安部、最高人民检察院均有其统编的侦查学教材，但它们大都带有部门和行业特征，在其内容的组织上均从各自不同的需求出发进行取舍，在侦查学结构体系问题上的看法也存在较大的意见分歧，主要有以下几种观点：

1. "两块说"。即侦查学的结构体系由侦查对策和侦查谋略两个部分组成。还有的学者认为侦查学的结构体系包括犯罪活动规律和侦查对策两部分。

2. "三块说"。即侦查学的体系应由侦查技术、侦查措施和侦查方法三部分组成。

3. "四块说"。第一种观点认为侦查学的结构体系由侦查技术、侦查措施、侦查谋略和侦查方法组成；第二种观点认为侦查学的结构体系分为侦查总论、侦查破案、侦查技术、预防犯罪四个部分；第三种观点认为侦查学的结构体系由侦查原理、侦查技术、侦查措施和侦查方法构成。

4. "五块说"。即侦查学的结构体系由犯罪的规律和特点、侦查破案的对策和方法、预防犯罪的对策和方法、各国侦查的理论、经验和技术、侦查体制及工作机制五部分组成。

5. "六块说"。即侦查学的结构体系由基础理论、侦查情报信息、侦查谋略、刑事特情、侦查措施与手段、侦查方法组成。

6. "七块说"。即侦查学的体系由基础理论、刑事犯罪情报、现场勘查、秘密侦查、刑事科学技术、案件侦查、侦查基础业务建设七个方面构成。

由前述的侦查学的发展历史可以看出，早期侦查学研究比较注重将自然科学技术的研究成果运用于侦查实践；近代侦查学则在此基础上，还将侦查措施和经验纳入侦查学的研究领域；现代侦查学则不断走向成熟，不仅仅是在简单地运用一些自然科学和技术科学相应的手段和方法，而且还将这些手段和方法创造性地应用于侦查犯罪的特殊条件里。同时，现代侦查学还从侦查控制的角度，研究预防犯罪的方法。这些情况都表明随着社会的发展进步，侦查学的研究内容和侦查实际工作的内容会不断地发展变化。由上述的"两块说"到"四块说"再到"七块说"也同样可以看出，侦查学的研究内容在随着侦查实际工作的变化而变化。而这样的弊端也是显而易见的，如果侦查实践中出现一个新课题，侦查学就将其纳入自己的体系中，这不但不能保证侦查学结构体系的稳定性，而且会使侦查学的一些重要理论总是停留在对侦查实践活动被动的解释上，有碍侦查学的正常发展。

本教材认为，一个学科的结构体系既不能滞后于实践，阻碍学科的发展，也不能脱离实践，光在理论上下功夫，它更应该是理论与实践的统一体。因此，本教材比较认同侦查学是由侦查学基础理论、侦查措施与策略、侦查方法三部分组成的一个相互联系、相互制约的有机整体。

三、侦查学结构体系的内容

(一) 侦查学基础理论部分

一门学科存在和发展的基础在于其基本理论的明确与扎实。侦查学基础理论部分主要论及侦查学学科建设以及侦查的基本问题这两个方面。其中，侦查学学科建设主要包括侦查学的研究对象、结构体系、学科性质、基本理论等问题，是侦查学理论的基础。侦查的基本问题研究的是对侦查工作具有普遍指导意义的原理，包括侦查的概念和任务、侦查的基本形式和原则、侦查的基本构造和组织结构。

(二) 侦查措施与策略部分

侦查的措施与策略主要研究在侦查活动中，侦查机关所使用的单一或综合的手段措施，通常包含侦查措施、侦查技术、侦查策略三个部分。侦查实践中，侦查措施的运用既有《刑事诉讼法》明文规定的措施，也有《刑事诉讼法》未作规定但在相关的侦查法规中有所规定的措施，前者如讯问、询问、现场勘验、侦查实验、搜查、扣押、通缉等，后者如追缉堵截、控制赃物、跟踪守候、秘密逮捕、秘密搜查等。侦查技术通常是指侦查犯罪中用以发现、记录、提取和鉴定犯罪证据的技术方法的总称，主要包括刑事技术和技术侦查手段，侦查技术是侦破案件必不可少的手段。侦查策略是侦查主体为达到一定的侦查目标，在实施侦查行为的过程中对一定的侦查对象采取的灵活有效的方法，是关于侦查活动如何运筹实施以保证其效果的知识体系。一方面，要根据具体的案情采取相应的斗争方式；另一方面，在侦查活动中，在具体实施各种侦查措施时要讲究斗争艺术，注意侦查方式方法。

(三) 侦查方法部分

侦查方法主要包括一般案件的侦查程序流程和个案的侦查方法。一般刑事案件的正常侦查程序涉及立案、分析判断案情、制定侦查方案、犯罪嫌疑线索的发现与查证、对重点嫌疑人的侦查、破案与侦查终结等环节。而在某些类型案件的侦破过程中，由于其案件的特殊性，在实践中其侦查手段、措施及策略的运用都有别于其他案件的侦查，即构成刑事案件的分类侦查方法，例如杀人案件的侦查方法就不同于抢劫案件或者盗窃案件的侦查方法。根据各类案件的特点，使用不同的侦查手段和措施，是形成各类案件侦破方法的基础。不了解各类案件的特点以及侦查手段措施和侦查策略的运用，就会缺乏客观依据和针对性；不懂得侦查手段措施和侦查策略，就不可能形成各类案件的侦查方法的体系。

第三节　侦查学的学科性质和学科特点

侦查学的学科性质主要解决侦查学的学科归属问题，对其科学的定位，不仅有利于学科的长远发展，也是掌握学科发展方向的必然要求。同时，由于侦查学学科内容的作用、学科内容的来源、学科内容的性质都区别于其他学科，这就决定了侦查学自身的学科特点。

一、侦查学的学科性质

研究对象是一门学科区别于另一门学科的依据。法学是研究法律、法律现象及其规律的总称，而侦查学的研究对象——侦查活动属于法律现象，受法律规范的制约，这就决定了侦查学在性质上属于法学的分支学科。这主要表现在两个方面：一方面从诉讼角度看，侦查活动是一项刑事诉讼活动，是诉讼过程中一个相对独立的阶段。侦查活动的基本形式和各项侦查活动的开展，都必须由《刑事诉讼法》加以规范，以《刑事诉讼法》为依据。另一方面，从司法角度看，侦查的直接目的在于揭露和证实已发生的触犯《刑法》的行为，并将犯罪人缉拿归案，以辅助刑法惩罚犯罪、保护人民任务之完成和刑法正义的实现。以侦查活动作为研究对象的侦查学，其研究的侦查方法必须受制于刑事诉讼规范，其研究职能也在于实现刑法的任务，由此，侦查学理应归为刑事法学。

二、侦查学的学科特点

侦查学的学科特点是侦查学这门学科内容所显示的基本特征。我国的侦查学具有较强的政治性、实践性和综合性。

（一）政治性

侦查学是专门研究同刑事犯罪作斗争的科学，是指导侦查实践的理论。侦查机关作为国家机器的重要组成部分，是捍卫人民民主专政的工具，必须为巩固社会主义制度、维护社会主义社会的稳定而服务。侦查学是研究收集证据、查明案情、揭露犯罪及抓获犯罪嫌疑人的途径、策略和方法的学科，它必须体现统治阶级的意志，为统治阶级的利益服务。

（二）实践性

侦查活动是一项实践活动，侦查实践是侦查学的理论来源。从侦查学的研究对象和研究内容来看，各种侦查措施、策略及案件侦破方法都来源于对侦查实践的总结与概括，进而找出带有规律性的事物，形成侦查学的理论体系。而来源于实践的侦查学的理论也要接受侦查实践的检验，只有同侦查实际相结合，才能检验侦查学理论的原则、手段、方法对侦查工作的开展是否具有正确性和有效性。同时，侦查实践的检验又对侦查学理论的研究提出了新的要求，这又进一步促进了侦查学理论的发展与完善。

（三）综合性

侦查工作以及侦查学研究对象具有多样性与复杂性，要在复杂的现象中认识犯罪行为的本质、确定案件性质、分析判断案情、收集能证明或否定嫌疑人犯罪的证据，作为指导侦查工作的侦查理论所涉及的知识范围就必须极为广泛。在研究侦查活动中的任何一项内容时，往往要与社会因素、环境条件等众多方面联系起来进行研究、考虑，利用和借鉴大量社会科学、自然科学的研究成果来充实和丰富侦查学的知识体系。

三、侦查学与邻近学科的关系

侦查学作为法学体系中的一个重要组成部分，同邻近学科有着密切的联系。

（一）侦查学与刑法学的关系

从形式上看，侦查学研究犯罪，刑法学也研究犯罪，但从实质内容上看，侦查学研究的犯罪和对犯罪的侦查与刑法学研究的犯罪有着严格的区别。侦查学研究的犯罪和对犯罪的侦查，着眼于犯罪人如何进行犯罪以及犯罪的规律特点，以便于为制定侦查对策提供合适的依据。而刑法学主要以犯罪的罪名、犯罪的构成、犯罪的量刑、犯罪的原因等为研究内容，目的是确定罪与非罪的界限和定罪量刑。

侦查学与刑法学在研究内容上虽然有区别，但同作为刑事法学体系中不可缺少的重要部分，它们二者有着十分密切的关系：一方面，侦查学在研究和制定侦查犯罪的措施和具体方法时，必须是以《刑法》所规定的某种行为构成犯罪为前提，没有刑法学研究的如何确定罪与非罪的界限以及如何定罪量刑等依据，如何正确揭露犯罪和揭发犯罪人就成了无源之水，也就谈不上立案侦查。例如，侦查学研究立案侦查、分析判断案情，必须以《刑法》中的犯罪概念、犯罪构成理论、具体罪名的定义为依据。另一方面，刑法所规定的目的和任务，需要通过一系列的侦查活动才能实现。如果没有强有力的侦查活动，大部分犯罪分子的犯罪活动就不可能被查清，案件就不能被侦破，《刑法》也就没有了具体的适用对象，《刑法》所规定的对犯罪人的惩罚措施也就无从谈起。

（二）侦查学与刑事诉讼法学的关系

侦查学与刑事诉讼法学有着密切的联系。我国《刑事诉讼法》的制定是为了保证刑事诉讼程序中控辩平衡、法官中立裁判、诉讼权利保障、程序公开等目的得以实现，其明确规定了人民法院、人民检察院和公安机关在办理刑事案件的过程中应当遵守的原则、制度和程序。刑事诉讼法学主要是研究如何从程序上保证及时、准确地查明犯罪事实，正确运用刑法实现预防犯罪、打击犯罪的目的。而侦查机关作为查明犯罪事实的主要机关，其工作过程必须严格按照《刑事诉讼法》的规定进行。然而，由于侦查工作面对的对象内容是极其丰富的，因此其侦查方法、形式也是多种多样的。《刑事诉讼法》作为一门程序法，只在程序、原则、制度等方面对侦查活动进行了规定，并不对具体的侦查活动应采取的方法进行规定，而这些就是侦查学所要研究的内容。

（三）侦查学与犯罪学的关系

侦查学与犯罪学的研究对象同为犯罪现象，但在犯罪概念、研究目的、犯罪原因分析等方面存在明显的不同。第一，在犯罪概念的确定上，主流犯罪学家认为犯罪是"具有严重社会危害性的社会行为"；而侦查学的研究对象并非是所有的"具有严重社会危害性的社会行为"，它研究的对象只是经过《刑法》明确规定的有限的一部分，而且是具有现实意义的行为现象和事实后果，它是在事实构成意义上判断犯罪行为及后果的。第二，以犯罪发生的时间为界，犯罪学着重研究的是犯罪实际发生以前的原因和预防对策；而侦查学则着重研究犯罪发生以后的证据收集、事实调查以及如何查获犯罪嫌疑人等工作应采用的方法。即犯罪学较为注重社会的预防，通过对导致犯罪的社会原因和个人原因进行研究进而为犯罪的防控提出理论方案，而侦查学则注重案件的破获，侦查的启动是一个被动的过程，其目的是控制和打击已经发生的犯罪行为。第三，在对犯罪原因的追溯上，侦查学与犯罪学也存在差异。犯罪行为的目的和动机影响《刑法》对其定罪量刑，因此侦查学在对犯罪原因的调查上重点查明犯罪行为的目的和动机，有无故意或过失；而犯罪学则较为注重涉及犯罪行为的社会原因、个体原因、文化原因及自然原因的探讨。

第四节 侦查学的研究方法

每个学科由于其学科的特点和任务的不同存在不同的研究方法。当前，侦查学的研究方法主要有以下几种：

一、调查法

调查既是一种认识活动，也是一种实践活动。由于侦查和犯罪涉及的领域非常广泛，并且随着时代的进步这些领域中也会有新的变化，因而侦查学中调查的研究内容也十分广泛。并且侦查活动是一项实践性很强的活动，侦查学的研究必须通过深入社会调查才能掌握最新的刑事犯罪的活动情况，才能提出有效的侦查对策，解决侦查中的实际问题。调查法的关键在于设法有效地获得具有经验事实性质的侦查工作运行情况的相关资料和相关情况，主要内容包括：对犯罪成员的调查；对刑事案件的调查；对犯罪人使用物品和现场遗留物的调查；对犯罪人经常进行活动的地方、行业及其场所的调查；对侦查主体自身建设的调查；等等。具体的调查方法主要有典型调查法、抽样调查法和综合调查法。在实施调查的过程中，具体可采取调查访问、座谈、问卷调查、测试调查、查阅文献资料等方式。在进行调查的过程中必须坚持实事求是的基本原则，紧密联系侦查实际，以解决侦查工作中存在的问题和推动侦查工作的发展为主要目的。

二、经验总结法

侦查学研究的基本方法之一是对历史和现实的侦查活动进行总结。中国是古代文明的发源地，我们的祖先在执法办案的过程中积累了大量宝贵的侦查经验，它已成为古代灿烂文化的重要组成部分。现代侦查学中的许多侦查方法在历史上都可以寻找到其存在的痕迹。因此，对侦查历史文化的挖掘和整理，可以丰富现代侦查学的内容。同时，现代侦查学通过对各个历史时期侦查破案的典型案例进行研究，可以总结出侦查破案中成功的经验和失败的教训，并从个别和特殊中归纳出一般规律进而上升为理论，更好地指导侦查实践。

三、实验研究法

侦查学不仅要研究和总结现有的侦查技术手段和方法，还必须运用新成果、新技术、新材料，不断开拓新的侦查技术和侦查方法。因此，我们必须在各鉴定机构、技术研究机构及其实验室积极开展各种刑事科学技术实验活动。这种科学实验要以自然科学、技术科学的原理为指导，运用高精尖的科技成果，研究出更准确、更快捷、更有效、更实用的侦查技术手段和方法，更好地为侦查实践服务。

四、比较分析法

侦查学在研究古今中外各种侦查理论、借鉴古今中外侦查破案的经验方面有着广泛的应用领域，是一门具有历史性与世界性的学科。侦查学内容的发展，体系的完善，原理、手段、方法的更新，必须从历史的和现代的、全面的与局部的、中国的与外国的等纵横方面进行系统的整理和分类研究，使侦查学理论更加成熟和完善。因此，比较分析的方法也是侦查学常用的一种研究方法。比较分析的内容可分为横向比较和纵向比较。横向比较即将不同国家之间的侦查进行比较，纵向比较是将历史上各种时期、各种社会形态的侦查进行比较。通过比较分析，可以借鉴和吸收古今中外侦查制度中的精华，为我所用。

思考题

请你谈谈侦查学的学科地位该如何确定？

线上资源链接

第 二 章

侦查学基本理论

 重点导引

1. 侦查认识论的基本特点有哪些?

2. 侦查信息论的作用表现在哪几方面?

3. 什么是同一认定理论?

第一节 侦查认识论

马克思主义哲学中的唯物论认为,客观物质世界是可知的,人们不仅能够认识物质世界的现象,而且可以通过现象认识其本质。这一理论对我国侦查学理论的建立具有重要的、普遍的指导意义。侦查学中的认识论,就是将这一理论运用于侦查活动中而形成的一系列基本原理。

一、侦查认识的理论依据——刑事案件的可知性

刑事案件的可知性是指犯罪行为是可以揭示的,即犯罪及其过程是客观存在的,犯罪行为及其变化是有一定规律的,而这些客观存在和规律是可以为我们所认识的。刑事案件之所以具有可知性,是由以下因素共同决定的:

(一) 唯物论的基本原理

唯物论认为,世界上的一切事物和现象都是可以被认识。刑事犯罪作为一种必然的社会现象,无论是整体还是部分都应该是能够被解释,任何刑事案件都可以被侦破。而实践中可能会存在一些"久侦未破"的案件,但这并不代表这些案件不能破,而只是由于主、客观条件的限制而暂时未破而已。随着侦查工作的不断深入、证据的不断收集与印证,未破的案件始终都存在着破获的可能性。因此,我们必须正确看待案件的侦破过程,由于案情的复杂程度不同,侦破的过程及时间的长短也存在着差异,

在承认刑事案件的可知性的同时，对刑事案件的认识也是一个复杂、曲折的过程。

（二）刑事犯罪的特殊本质

刑事犯罪是具有社会危害性的行为，为法律所明文禁止，这决定了刑事犯罪活动大多数具有隐蔽性。然而，刑事犯罪活动作为一种特殊的物质运动方式，它必然会在一定的时间和空间给犯罪有关的客观外界环境带来一定的变化，留下一定的痕迹（包括心理痕迹）。通过侦查人员对这些变化及痕迹的分析，刑事犯罪活动依然是可以被认知、被揭示和再现的，案件情况也终归会趋于明朗。

（三）揭示刑事犯罪的侦查主体的条件和多功能的认识手段

侦查工作是一项与犯罪斗智斗勇的工作，这一工作的特殊性质要求侦查的主体必须坚定鲜明的无产阶级立场及全心全意为人民服务的思想和科学的思维方法。同时，由于侦查工作的特殊性，侦查主体还必须接受过良好的专业教育，掌握同犯罪作斗争的基本原理和方法。只有具备了过硬的业务素质，才能使打击、揭示犯罪的工作不断走向深化。同时，为了使侦查工作在同刑事犯罪的斗争中处于主导地位，法律为其规定了一切必要的方法。这些方法中既有公开的措施，又有秘密的手段；既可利用先进的技术设备，又可动员全社会的力量，还可以限制犯罪嫌疑人的人身自由。而其中相当一部分都是其他认识活动所没有的。法律和社会给揭示犯罪提供了广泛、必要的认识手段。

二、侦查认识活动的基本特点

对刑事案件的侦查过程就是对该案件认识的过程，是该案件在侦查主体头脑中的反映。反映是否能真实地揭示案件的本质，在很大程度上取决于侦查主体是否有正确的认识论和方法论。对刑事案件的认识，就是由侦查中认识活动的特点所决定的。

（一）侦查认识活动的特定性

世界上任何事物都不同于其他事物，而且任何一个事物都只能与其自身相等同，这就是事物的特定性。特定性是人类认识客观事物时所依据的一个重要范畴。而侦查认识活动的特定性主要是指侦查活动中思维的对象是特定的，思维过程是特定的，所要达到的目的也是特定的。

1. 侦查认识活动的对象具有特定性。侦查认识活动的对象是刑事案件，实践中的每一个案件都不同于其他案件。刑事侦查活动中的认识对象——犯罪和犯罪侦查互动过程中所涉及的人、事、物、时、空等要素及其相互关系，在每一个案件中都是特定的。总之，世界上绝对没有两个完全相同的案件，就如没有两片完全相同的树叶一样。

2. 侦查认识活动的过程具有特殊性。在每个刑事案件中，侦查认识活动总是由特定的侦查人员在特定的时间、地点、环境等条件下进行的。由于人的生理结构、心理结构及思维方式和业务能力各不相同，所以不同的侦查人员对同一案件的认识会有所不同。再加上人的认识活动总要受外界因素的影响，所以同一个侦查人员在不同案件中进行的认识活动也有所不同。因此，每个案件中具体侦查认识活动的起点、运行轨迹、演化模式和终点均有自己的特点，侦查认识活动的过程必然具有特定性。

3. 侦查认识活动的目的具有特定性。侦查认识活动的对象是发生在某时某地的特定案件。侦查的核心任务是查明谁是该案件的犯罪人，这是侦查认识活动的最终目的。侦查人员在大量案情材料的基础上进行分析和推理，最终要得出谁是犯罪嫌疑人的结论。这里所说的"谁"，可能是一个人，也可能是一群人，但必须是特定的人或群体。

（二）侦查认识活动的逆向性

时间联系是客观事物之间联系的一种基本形式。在现代生活中，事物发展总是与实践的运动方向保持一致，即随着时间的推移，有某种原因就会产生某种结果，然后该结果作为新的原因又会产生新的结果。如果我们的思维方向与客观事物的发展方向一致，即从原因去探索结果及结果的结果，那么，这种思维就是顺向思维。如果我们的思维方向与客观事物的方向相反，即从结果去追溯原因及原因的原因，那么这种思维就是逆向思维。

在侦查过程中，逆向思维是侦查人员的基本思维模式。侦查人员接触案件，往往首先接触到的是犯罪行为的结果，如接到报案某人被杀或某地被盗等。侦查思维就是要从这些结果出发去查明其产生的原因，即通过溯源推理来判断案件的基本情况。从案件的具体情节来说，侦查人员也经常要从结果中去推断原因，如现场的某些物品被带走了，要推断犯罪嫌疑人为什么要带走这些物品。总之，根据现在去认识过去是侦查思维的一个重要特征。

同时，逆向思维还有助于某些犯罪案件的模拟再现。侦查人员可以根据客观事物的发展规律，以结果为出发点，以已知案情为条件，充分运用思维构想的能力来描绘案件发生的过程。侦查实验这项措施就是基于此而进行应用的。

（三）侦查认识活动的多维性

认识活动的多维性，是指认识活动并不是单线定位的简单思维，而是多线、多方位、多角度和综合性的思维。侦查活动的多维特点是由其认识活动的逆向探索与案件的因果关系往往具有多态性和复杂性所决定的。例如，某现场发现了一具尸体，那么其死亡原因就有可能是自杀，也可能是他杀，还有可能是意外或正常死亡；如果尸体经过鉴定系他杀，那仍会存在多种可能性，如仇杀、情杀、财杀等，而且这里的每一种可能性后面还可以派生出一系列可能性。此外，任何一个犯罪行为都可以造成多个结果，如杀人行为可以造成被害人死亡，可以在现场留下各种痕迹，可以在某些人的头脑中留下印象。侦查人员在办理此案的过程中，可能接触这部分结果，也可能接触另一部分结果，而这显然使得侦查认识活动面临的可能性空间大为扩展。

一般而言，侦查人员也可以根据可能性大小的不同，首先选择最佳的侦查途径。

但必须明确的是，可能性再大也不等于现实，可能性再小也有可能成为现实。因此，侦查思维不能只沿着一条路线进行。侦查人员必须不断开拓自己的思维领域，尽量多考虑几种可能性，特别要注意从不同的角度进行思考。

（四）侦查认识活动的模糊性

认识的模糊性是指人们对于客体的类属边界与性态的不确定性的认识。辩证唯物主义认为，人类思维对于客观事物的反映并非简单的非此即彼的二元关系。在很多情况下，人们对于客观事物的认识都表现为部分正确和部分错误，有时正确的部分大一些，有时错误的部分大一些，这就是认识的正确度问题。而这实际上是认识模糊性的一种体现。

侦查认识活动是对已发生事件的逆向探索，侦查人员不可能直接知道该事件的发展过程，只能运用各种思维手段来填补认识中的空白；而且案件中的因果联系往往较为复杂，客体的界限和性态处于一种模糊状态，再加上犯罪分子实施犯罪行为时多采用隐蔽方式和伪装手段，所以侦查人员对案件的认识不可避免地带有一定的模糊性。同时，在侦查中，有时为了保证认识的正确性，侦查主体也会有意识地略去那些暂时把握不准的特征，主动地进行模糊思维。例如，侦查人员在划定侦查范围、推断案件发生的时间、确定犯罪人条件等过程中，往往会在某种程度上对客体特征进行模糊化处理，以免失误。

三、侦查思维

侦查思维是侦查认识活动的表现形式，是侦查人员在侦查活动中，为了查明犯罪事实，查获犯罪嫌疑人所进行的脑力活动。具体而言，侦查思维是侦查人员在办案过程中，运用科学的思维方式，对案件中的人、事、物及有关信息进行的分析研判，以求达到对案件本质的认识。

（一）侦查思维的特征

侦查思维是人类思维的一个组成部分，受一般思维规律的制约。但是侦查思维的对象、过程、要求以及所受到的限制与一般思维有所不同，它只为案件侦查这一特殊活动所有，是案件侦查人员必须具备的思维能力。在分析思维活动的过程中，实践中的侦查思维具有以下基本特征：

1. 过程的回溯性。侦查思维过程的回溯性，是指侦查活动往往是以果求因、以果溯因的过程。通常情况下，侦查活动始于犯罪实施完毕之后，侦查人员在立案之初首先必须面对的是犯罪所造成的结果，然后对犯罪所引起或形成的各种痕迹进行研判分析，探求这些痕迹的形态与形成机制，从而推断犯罪人的犯罪经过，刻画犯罪人所具有的条件，再根据这些条件来发现和查缉犯罪人。一般认为，侦查破案的过程，就是以果溯因的过程。从思维进程来划分，侦查破案的思维应属回溯性思维。

2. 分析的联想性。在侦查活动中，侦查人员有一个将新问题与过去的相类似的事件或自己知识结构中的相似部分进行类比的思维习惯，即侦查中思维分析的联想性，也称为侦查思维的类比性。侦查人员在案件侦查中，会先将获得的案件材料与自己曾经办理过的案件或储存在自己头脑中的侦查知识进行比较，研究分析新案件与自己过去所侦查或办理过的案件的不同和相同、相似的地方，从而选择有针对性的侦查措施、手段、对策或方法，直到实现侦查目的。这就是侦查思维联想性的特点。

3. 认识的敏锐性。侦查人员必须要有敏锐的观察力，在现场勘查或对案件材料进行分析时，要敏锐地发现特殊信息，运用侦查思维对反常情况进行判断，即具备认识或捕捉案件情况的敏锐性。反常是与正常相对应的一种状态。侦查人员通过学习或在侦查实践中会积累大量的案件侦查模型或案件特征模型，并在侦查活动中熟练运用这些知识结构帮助其选择侦查措施、对策或方法。但是，案件不具有重复性。侦查人员在侦查活动中，应该注意到案件的个性特点，特别是案件信息中的反常情况，如侦查讯问中犯罪嫌疑人口供中的矛盾、现场勘查时出现在现场的某个特殊的物品等。对这些反常情况的分析，极有可能成为侦破案件的关键材料，这必须以具备对案件情况认识的敏锐性为保障。

4. 思考的换位性。侦查思维中的换位性，也叫移情换景，也就是我们通常所说的"设身处地"。侦查人员在侦查中要注意将自己放在犯罪人的位置上，用犯罪人的思维方式去思考问题，从而找出相应的对策。例如，根据现场某个痕迹的位置及其与周围景物之间的联系，推断犯罪人在现场的活动经过和犯罪心理，判断犯罪人应具备的相关条件。

（二）侦查思维的基本形式——侦查假设

假设是科学思维的基本形式，它是根据已有的事实材料及科学原理对未知的事物、现象或事物间的因果联系、规律性联系作出的假定性解释。在案件的侦破过程中，侦查假设是侦查思维的基本形式，从侦查人员接触案件的那一刻起，各种假设就伴随着整个侦查过程。在这些假设中，有的是毫无根据的臆断，有的是想当然的猜测，有的则是带有主观的预期，有的是有根有据的推断。因此要对这些假说进行理性甄别，以便更好地为侦查目的服务。

所谓侦查假说，是侦查人员根据所掌握的案件有关材料，运用以往的经验和一般性知识，对案件各要素所作的假定说明。其内容包括关于案件性质的假设、关于作案人的假设、关于作案时间的假设、关于作案方法和作案工具的假设等。其中，关于作案人的假设是最重要的假设。

（三）侦查思维的基本方法

1. 侦查辩证思维。侦查辩证思维就是侦查主体在侦查破案过程中，自觉或不自觉地按照辩证法进行的思维。它具有联系和发展两方面的特征。侦查辩证思维所讲的联系，是指在侦查主体的思维中，一切与案件有关的事物、现象之间及其内部诸要素之间的相互影响、相互作用和相互制约。需注意做好以下几点：要努力抓住蛛丝马迹；善于把握事物的多样性；必须弄清联系的条件性。侦查辩证思维所讲的发展，是指在侦查主体的思维中，对案情认识的由低级到高级的前进运动，是新的正确认识的不断产生和旧的错误认识的不断消除。需要做好以下几点：深刻理解发展的普遍性；弄清发展的过程性；善于掌握发展的逻辑性。侦查辩证思维可以应用到如下范畴：

（1）从结果到原因——辩证地分析案情。侦查人员需要分析特定案件的特定原因，正确判断案情；需要认识到案发原因的多样性和复杂性，才能顺利侦查破案。

（2）从偶然到必然——进行合乎规律的侦查思维活动。侦查人员要善于从偶然发现必然，把握案件侦破的规律性；要善于利用偶然因素，促进偶然向必然的转化，促使案件的侦破；要尽量避免或减弱有害偶然因素的影响，使侦破工作正常进行。

（3）从现象到本质——促进侦查思维过程的深化。由现象到本质是侦查主体对案情认识不断深化的过程，侦查人员要能够识别假象，揭露犯罪的本质。

（4）从可能到现实——尽快侦破案件。侦查人员需要着眼现实的可能，将可能性转化为现实性，这样才能成功破案。

2. 侦查形象思维。侦查形象思维就是侦查主体在侦破案件的思维过程中自觉地加工感性形象认识，反映侦查客体的形象特征，把握客体形象的本质，从而能动地指导侦查实践的一种思维方式。侦查的形象思维以案件中的客观形象为思考对象，并具有预见性、跳跃性和概括性等特点。侦查形象思维的具体过程是调查了解阶段—类比联想阶段—直觉猜测阶段。我们可以借助观察法、绘画法和语言锤炼法来培养侦查形象思维。

3. 侦查直觉思维。侦查直觉思维就是侦查主体在侦查破案过程中，以高度省略、简化、浓缩的形式，对与案件有关的事物、现象、问题及其关系的一种迅速的识别、敏锐而深入的洞察、直接的本质理解和综合的整体判断。侦查直觉思维具有直观性、非逻辑性、洞察性、倾向性和创造性等特征。我们可以通过积极实践法、信息存储法、猜测法、树立榜样法来培养直觉思维。

4. 侦查灵感思维。侦查灵感思维就是侦查主体在分析、研究案情时，由于某种因素的触发，创造力高度发挥，致使思维豁然开朗、一通百通，对案情获得突破性认识的一种思维方式。在侦查破案的过程中，侦查主体运用这种思维方式，往往会收到奇迹般的效果。侦查灵感思维的本质是侦查思维质变的一种特殊形式；是侦查主体意识与潜意识相互作用的结晶。侦查灵感思维具有非预期的突发性；不受意识控制的非自觉性；思维过程的跳跃性；信息处理的模糊性；反常规的独创性。侦查灵感思维的发生形式也是多种多样的，但概括起来，其基本的发生形式主要有三种，即偶然因素的触发、内部潜知的闪现和梦。侦查人员可以通过以下方法培养侦查灵感思维：长期积累经验，形成完善的大脑信息网络系统；张弛有度，创造诱发灵感的心理条件；善于运用突破常规的科学思维方法。

5. 侦查创造性思维。侦查创造思维是指侦查主体在侦查活动中发现问题和创造性地解决问题的思维。侦查创造思维具有创新性、整体性、跳跃性、价值性等特征。记忆是发生侦查创造思维的前提和基础；想象是发生侦查创造思维的先导；思维的组织适应性是产生侦查创造性思维的契机。侦查人员可以在平常的学习中主动获取足够的犯罪信息，为创造思维的产生奠定基础；要善于捕捉机遇，打开创造之窗；要发展想象能力，使自己具有创造的翅膀。

四、侦查决策

（一）侦查决策的概念及分类

决策，简而言之就是作出决定。侦查决策是指侦查工作的组织者、领导者就侦查工作中面临的实际问题，为达到一定的侦查目标所作的侦查工作的设计和抉择。侦查决策是一项实践活动，是侦查主体主观能动性的突出表现，但它必须以侦查认识活动为前提。侦查决策是侦查认识过程的重要环节和基本活动，体现了侦查认识和实践的高度统一。

侦查决策可以从不同角度进行分类：

1. 侦查战略决策和战术决策。这是根据侦查决策目标的重要程度进行的分类。侦查战略决策是对侦查的全局性、长远性、根本性的重大问题所作的决策。它往往与长期规划有关，常常是关于整个系统的全局安排与统筹。

侦查战术决策是在战略决策的指导下，为解决侦查的局部或个别问题而进行的决策。侦查战术决策是侦查战略决策的短安排，是侦查战略决策在实施过程中的一系列具体决策。

2. 侦查常规型决策和非常规型决策。侦查常规型决策是对侦查工作中经常反复出现的问题所作的决策。这类决策的过程有一套可以遵循的程序，在积累和总结经验的基础上，可以掌握其规律性。例如，对立案侦查的由事到人的案件的常规侦查决策过程是：现场勘查—案情分析—制定方案—部署侦查。

侦查非常规型决策是对过去没有或较少出现的侦查问题所进行的决策。这类决策没有过去的惯例作依据或参考，但又必须立即作出，为此常依据决策者的知识、经验和创造力。例如，对突发性的暴力性犯罪案件的紧急处置工作就不能按部就班，而必须机智灵活、随机应变，否则，就难以保证决策的正确性和及时性。

3. 侦查简单决策和复杂决策。内容单一、包含的方面较少的决策称为简单决策，多适用于个别侦查行为和对个别案件的处理。这类决策的特点是情况比较明确，决策条件充分，应采取的对策容易决断，后果也易预料。

侦查复杂决策较之简单决策难度更大，涉及的问题更多，认识过程更复杂，逻辑思维更严密，一般适用于重大疑难案件和复杂的犯罪行为的处置。

4. 侦查的高层决策、中层决策和基层决策。侦查的高层决策是由侦查的决策层所制定的涉及整体侦查系统的决策，它对侦查全系统的每一环节都发生影响。

侦查中层决策是指侦查的管理层所作的决策。这些决策大多属于安排某一阶段的任务，或解决侦查中的具体问题，如省、市、自治区公安厅（局）刑侦总队所作的决策。

侦查的基层决策主要是指侦查执行层和操作层所作的决策，大多数是属于经常性的具体任务的安排和对临时出现的问题作出的处理。这些决策对侦查的全局产生不了重大影响，但对决策的技术性、时间性要求比较高，如基层刑警队、侦破小组、侦查人员个人有关侦查活动的决策。

一般说来，侦查决策的层次越高，越具有战略性、长期性的特点；侦查决策的层次越低，就越具有战术性、短期性的特点。侦查每一层次的决策都应以更高层次的决策为指导，以更低层次的决策为基础。

（二）侦查决策的基本程序

侦查决策不是一次性完成的活动，而是一个认识侦查工作现状、预测侦查工作未来、指导侦查行动的动态过程。一般而言，侦查决策可以分为以下几个步骤：

1. 发现问题，确定目标。发现问题、确定目标是侦查决策的起点。所谓问题是指应当或可能达到的状况同现实状况的差距；目标则是指在一定的客观条件下，权衡需要和可能而争取达到的状况，它有一定的时间要求和约束条件。

2. 调查预测，拟定方案。调查是决策的基础，只有通过调查才能知悉与所要解决的特定的侦查问题有关的有利条件和不利因素，从而了解解决问题的途径和方法，从而在此基础上着手制定解决问题的方案。在每一侦查决策中，客观上都存在着若干套可供选择的侦查方案；在拟定侦查决策方案时，要尽可能地顾及实际存在的各种方案，以保证决策的客观性、全面性、正确性。

3. 评估优选，确定方案。这一阶段的工作就是对各种可供选择的侦查方案进行分析对比、全面评估、总体平衡，然后选取其一，或综合成一。

4. 实施反馈，修正完善。侦查决策方案的确定并不是决策过程的完结，还必须付诸实施。不贯彻执行的决策毫无存在的价值。通过实施决策方案，验证决策是否正确、合理。对于合理的方案进行完善、修改，再付诸实施，这一阶段称为追踪决策。

第二节　侦查信息论

一、信息

信息作为科学名词，是 20 世纪 40 年代以后的事。信息，被解释为"对消息的接受者来说原先不知道的报道"，是"由数据、信号等构成的消息中所载有的内容"（《牛津今典》语）。信息论的创始人申农认为，信息是用以消除随机不定性的东西。信息来源于物质，体现物质的特征、物质的运动和发展，是人们认识事物的基础。一般地说，信息是指反映客观世界中各种事物的特征和变化的组合，是一种有用的知识。

二、犯罪信息

犯罪人实施犯罪行为，必然要与特定的时间、空间、人、事、物发生关系，造成一定的犯罪危害后果，也必然会产生犯罪信息。侦查信息论中对犯罪信息的基本观点是：犯罪行为必取一定的形态，不同的犯罪形态反映不同的犯罪行为信息；犯罪信息不仅储存于犯罪行为形态之中，还储存于犯罪痕迹、犯罪行为结构以及犯罪行为的联系等多方面；犯罪信息是形成侦查判断、推理、假定的前提，也是推进侦查、调整侦查的基础。因此，犯罪信息就是刑事犯罪活动存在的方式或运动的状态以及这种方式和状态的直接或间接表述。侦查活动的全过程，就是通过初始侦查阶段的现场勘查及深入侦查阶段的措施、策略运用，最大限度地获取和利用犯罪信息的过程，并通过犯罪信息的反馈，最大限度地再现犯罪事实的本来面目。

三、侦查信息

侦查信息是侦查对象产生、存在、发展变化状态和属性的表征。在侦查中应用信息理论，就是用信息方法分析侦查领域中的问题，通过对信息的收集、传递、转换、识别、筛选、存储、加工处理，揭示侦查对抗的规律性，从而赢得侦查对抗的胜利。侦查信息包括三个方面的内容：来自犯罪行为方面的犯罪信息；来自犯罪系统外部环境方面与犯罪相关的信息；来自对侦查有用的各种知识信息（自然科学和社会科学知识）。这三个方面的信息共同构成了侦查信息，犯罪信息占据主要地位。这些信息在侦查活动中的实际价值并不一样，有的起证据作用，有的有线索价值，有的对侦查主体认识案情有参考意义。

按照不同的标准，侦查信息有以下不同的分类：

（一）按照侦查信息的来源不同，可以将侦查信息分为犯罪信息、犯罪环境信息和相关知识信息

如前所述，犯罪信息是来源于犯罪行为方面的信息，它是犯罪行为发生、存在、发生变化状态及属性的表征，即只要有犯罪行为发生，就必然产生犯罪信息。犯罪信息从不同侧面，以不同形式，反映犯罪行为的状态、过程和特征。犯罪信息的分布范围较为广泛，既有明确的，也有潜在的，因此，对它的收集有一定的难度。

犯罪环境信息是指实施犯罪前后，反映犯罪行为人活动情况和其他与犯罪有联系但又不属于犯罪行为本身产生的信息。例如，反映犯罪行为人实施犯罪前后活动踪迹的信息（吃饭、买东西等），还有反映犯罪遗留物的产地、销售情况的信息，以及周围发生的相关事件能佐证犯罪时间的信息等。这些信息对于侦查主体认识案情，进行侦查决策有很大的帮助，有些信息可以直接提供侦查线索或旁证，为侦查部署提供客观依据。

相关知识信息主要指对侦查有帮助的、反映相关科技知识、专业技能和社会知识方面的信息。由于侦查涉及的专业领域较多，知识面广，范围大，内容也较为复杂，侦查主体在侦查的过程中，必须注意向有关专家、科技人员、社会经验丰富的人求教，从中收集对侦查有帮助的信息，如向气象部门了解气象信息、未来天气的变化趋势；向医生了解相关的病理、药理知识；向兵器专家了解武器及爆炸物的威力；等等。收集这些信息既可以当面求教，也可以查阅相关资料。虽然这些信息看上去与犯罪无直接联系，但对侦查活动却具有很大的帮助。

（二）按照侦查信息的储存形式不同，可以将侦查信息分为物质性信息和意识性信息

物质性信息比较集中地存在于犯罪行为人活动的环境中。例如，犯罪现场及犯罪行为人到过的相关场所，犯罪现场会产生温度变化或留下气味，犯罪行为人触摸过的东西，会留下指纹或手套痕迹。除此之外，还会存在反映时间、行为动作、心理状态、动机目的等方面的信息。物质性信息的干扰因素较少，分析得出的结论较为客观。

意识性信息主要储存于受害人、见证人及其他知情人的记忆中。犯罪行为人在实施犯罪前后和实施犯罪的过程中，会对受害人、事主或其他知情人的感官产生一定的刺激，使他们对犯罪行为人的衣着打扮、体貌特征、音容笑貌、动作习惯等方面留下一定的印象，并储存在记忆中，经过唤起与回忆，可达到"思维再现"。意识性信息可以转化为录音带、录像带和文字符号等物质性信息。较之于物质性信息，意识性信息容易受提供者的主观因素影响。一方面，由于信息提供者的感知能力、生理、心理状态及时间长短等因素影响，容易使信息减值或失真；另一方面，受提供者对该案件的态度或利害关系的影响，有可能会出现不能如实反映实情甚至故意提供虚假信息等情形。

四、侦查信息论的作用

信息方法论是运用信息观点和理论分析研究系统的性能和运动规律的一种科学方法，在侦查活动中也发挥着越来越重要的作用。

（一）侦查信息是侦查主体认识案情的中介

任何犯罪案件的发生，都是犯罪行为人在一定的犯罪动机支配下，为达到某种目的，在一定时间内，依赖一定的空间条件，对特定的目标实施侵害，从而造成一定危害后果的行为结果。犯罪行为人的一系列活动都产生犯罪信息，犯罪行为人的犯罪行为就是产生犯罪信息的信息源。犯罪信息从各种渠道，以不同的方式表征犯罪行为发生、发展的状态和特征。这些犯罪信息又能借助一定的载体传递出来，被人们所接收，从而成为维系犯罪事实和侦查主体认识案件规律特点的纽带。倘若没有相关信息的传递，就无从认识和犯罪相关的事实，所以，相关信息的客观存在是侦查主体认识与犯罪相关事实的桥梁。

（二）侦查信息是侦查决策的基础

正确的侦查决策取决于多种因素，如领导者的经验与智慧，但起决定作用的因素是对双方对抗形式、具体案情、未来行动和结果的正确分析、判断。而正确的分析、判断则建立于全面、及时、准确地获取相关信息的基础之上。掌握的信息不充分，对案情了解不清，作出的侦查决策就失去了客观依据，难免陷入"盲人骑瞎马，夜半临深池"的境地。在侦查对抗中，案情也在不断发生变化，如果在执行侦查决策方案过程中，信息不灵，不能因案情变化而及时调整和补充行动方案，也会导致决策失败。所以，为了保证侦查活动始终沿着正确的轨道发展，侦查主体必须从各个方面，通过各种渠道，及时、准确、全面地获取信息，使侦查决策建立在可靠的基础之上。

（三）侦查信息是实施侦查控制的前提

侦查活动是一个连续不断的控制过程，实施控制的前提和基础就是案情发展变化的有关信息。特别是在当前大数据背景下，信息化的侦查手段在侦查实践中发挥的作用日益明显。以信息认识、揭示犯罪，以信息导侦、配置警力，以信息运筹刑侦谋略的"信息制胜"观念深入侦查工作实践。在侦查过程中，侦查主体不断通过各种形式，从各个方面获取犯罪信息或与犯罪相关的信息，以观察、发现嫌疑目标，通过信息传播使侦查对象按照有利于侦查而不利于侦查对手的方向发展，以达到控制犯罪的目的。

第三节　侦查中的同一认定理论

一、同一认定理论的相关概念

（一）同一

所谓"同一"，是指特定的客体自身与自身的等同，即物的自身同一，不是指一个客体与另一个客体相同或相似。马克思主义唯物论认为，物质世界具有特殊性，物质世界的任何一个客体都是独一无二的。正是因为客体存在着特殊性，因此，客体只能等同于自己，而与其他一切客体都有区别。

同一与相同或相似不是一个概念，在认定客体同一时，实际上只有一个客体，即这个客体自己与自己同一；在认定客体不同一时，实际上有两个客体，尽管这两个客体的外表可能十分相似，以致很难加以区分，但它们毕竟是两个客体，相似不是同一，不是等同。

（二）同一认定

同一认定是指具有专门知识的人或熟悉客体某些特征的人，在研究和比较先后出现的两个反映形象的特征的基础上，对其是否出自一个或是否原属同一整体物所作出的判断。对这一概念，可以从以下几个方面进行理解：

第一，同一认定的主体必须是具有专门知识的人或熟悉客体某些特征的人。他可以是司法机关下属的鉴定机关的鉴定人，也可以是被邀请的其他的具有专门知识的人，还可以是犯罪案件中的被害人、犯罪目击人。

第二，同一认定的客体只能是与案件有关的人或物（包括场所），而且这些客体或其反映形象在案件发生和侦查过程中已先后出现过两次或多次。

第三，同一认定的目的是确定某一客体是否同一或是否原属同一整体物，即解决某一客体与案件的特殊联系。

第四，同一认定的方法必须以对客体特征的比较为基础，或者说，比较客体特征是认定同一与否的唯一途径。

第五，同一认定属于判断型认识活动，无论是物证技术鉴定中的同一认定，还是案件调查中的同一认定都是对客体是否同一所作出的判断。

（三）同一认定理论中的其他基本概念

1. 客体和客体反映形象。客体是指外界事物，同一认定客体是指一定的人或物的自身。客体的反映形象是客体自身形成的痕迹或以技术加工制成的复制品。

2. 被寻找客体。被寻找客体是指与案件有关的人或物，当然这里的人和物不纯粹是其全部，而是他们各个方面的特性，即表现人或物各个方面特性的客体，如皮肤乳突花纹、人体的外貌、书写习惯、物的外表结构等。被寻找客体是指第一次在现场出现后又离开不见的客体，是侦查人员所要寻找的客体。例如，犯罪分子在犯罪现场的门把手上留下了右手拇指、食指的指印，那么，犯罪分子拇指、食指上的指纹就是被寻找客体。

3. 受审查客体。受审查客体是指在案件侦查过程中被怀疑与案件有关的人或物，是正在寻找、需要审查的客体。例如，犯罪分子在现场门把手上留下了右手拇指、食指的指印，而侦查中发现了某个人具有犯罪嫌疑，那么，这个嫌疑人右手的拇指、食指的指纹就是受审查客体。在鉴定某一痕迹或物品时，受审查客体就是被寻找客体，其余暂时被列为受审查的客体就彻底地排除了嫌疑。

4. 检材。检材多数情况下是被寻找客体的反映形象，是为了确定被寻找客体具有哪些特征。它在未作出同一认定结论前是个未知物，如被寻找客体留下的指印、笔迹等。

5. 样本。样本多数情况下是受审查客体的反映形象，是为了确定受审查客体具备哪些特征。它是侦查与鉴定中的已知物，是鉴定过程中供分析比较的对象，如受审查客体的指纹、笔迹等。

（四）同一认定的形式

即通过对被寻找客体与受审查客体的比较，从而认定是否为同一客体的同一认定形式。例如，通过将犯罪现场提取到的指纹（检材）与侦查过程中找到的犯罪嫌疑人的指纹（样本）进行分析比对，从而认定该犯罪嫌疑人（受审查客体）是否是案件所要寻找的实施犯罪行为的人（被寻找客体）。如图1-1。

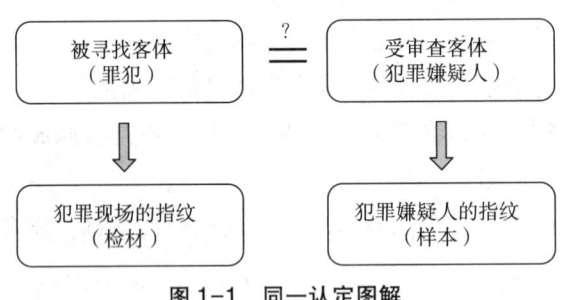

图1-1 同一认定图解

二、同一认定的条件

从理论上讲，任何一个客体，先后出现两次并留下自身的特征反映体，就可以根据特征反映体对先后出现的客体是否同一作出认定。但实际中并非如此，对先后出现的客体进行同一认定，不仅要有特征反映体，还要具备以下条件：

1. 客体必须具有明显、突出的特定性。任何一个人或物从总体看都是有特定性的。但该特定性是否明显、是否突出却不尽相同。只有特定性较为突出、明显的客体，才能得到独特的反映，才能得到注意。

2. 客体的特定性在其先后出现的相隔时间内必须保持基本稳定。任何一个客体都有相对的稳定性，但稳定的程度各有差别。一个客体先后出现两次，两次相隔的时间可能很长，也可能很短。但无论长短，只有在这对应的时间间隔里客体的特定性保持相对的稳定，人们才能认识它，才能进行同一认定。例如，一个监控视频拍摄到了犯罪嫌疑人走路的步态特征，由于条件限制，两年后才找到该犯罪嫌疑人，但该犯罪嫌疑人却因为一年前发生车祸而导致腿部落下残疾，此时由于犯罪嫌疑人的步态特征因外界原因发生了改变，所以就不能据此进行同一认定。

3. 客体的特定性必须在其特征反映体中得到良好的反映。客体的特定性得到良好反映，应当符合质和量两个方面的要求。在质的方面，特征反映体必须清楚地反映客体特征；在量的方面，特征反映体必须反映出足够数量的特征。例如，实践中常用来进行人身同一认定的指纹，例如，某现场发现的一枚指纹模糊不清，或虽然清楚，但只反映出几条纹线，这就在质和量上达不到指纹鉴定的要求，就不能进行人身的同一认定。

4. 对客体的特征必须有较高的认识水平。一方面，当一个客体的特征还没有被人们所认识时，这个客体的特征反映体是不可能被利用来对这个客体进行同一认定的。例如，当人们还不认识DNA的时候，是不可能用DNA来进行人身同一认定的。另一方面，人的认识能力的提高，显然也需要依赖于科学技术的进步以及具备较高业务水平的检验人员。同样的痕迹、笔迹或其他特征反映体，检验人员业务水平较高、经验丰富的，比专业水平低、经验不足的检验人员能发现更多的特征。

三、同一认定的类型

（一）根据进行同一认定的主体不同，同一认定可分为鉴定型同一认定和非鉴定型同一认定

鉴定型同一认定是指鉴定人根据侦查部门或审判部门的决定和聘请而进行的同一认定，主要是指各国法律规定的鉴定对象中的同一认定，如指纹鉴定、足迹鉴定、工具痕迹鉴定、笔迹鉴定、声纹鉴定等。鉴定型同一认定的主体必须是在案件中所要解决的问题方面具有专门知识的人，而且鉴定型同一认定一般都是在各种检验的基础上进行的，其中大多数都要用专门的仪器来分析识别和比较客体的特征。

非鉴定型同一认定是指由对被寻找客体的外表特征有所了解的犯罪目击者、被害人等在侦查人员的组织和主持下进行的同一认定。这种同一认定总是以具体人的观察、记忆、分析等个体认识活动为基础，而且个人的有关经验和能力往往起决定性作用，因此，其主体必须是了解所要认定的那个客体的特征的人，并且应该在识别、分析该

类特征方面具备足够的经验和能力。辨认是一种主要的非鉴定型同一认定，作案手法同一认定也是非鉴定型同一认定。

鉴定型同一认定和非鉴定型同一认定之间存在着明显区别。首先，鉴定型同一认定的主体是鉴定人，其前提条件是具有解决案件问题所需的专门知识；非鉴定型同一认定的主体是被害人、证人或侦查人员，其前提条件是了解所要认定的那个客体的特征。其次，鉴定型同一认定一般要通过技术检验实现，所以，检验方法的科学与否十分重要；非鉴定型的同一认定往往要通过特定人的辨认和思维来实现，因此，个人的经验和能力是决定性因素。最后，鉴定型同一认定的结果是我国《刑事诉讼法》规定的证据之一，即鉴定意见；非鉴定型同一认定的意见可能是一种法定证据，如证人证言或被害人陈述，也可能只是采取某种侦查措施的依据，如并案侦查的依据。

（二）根据被认定同一客体的不同，同一认定可分为人身同一认定、物体同一认定、场所同一认定

人身同一认定是以解决先后出现的人身是否同一为目的的同一认定。人身同一认定按照人身的具体对象又细分为指纹同一认定、足掌同一认定、牙齿同一认定、人体外貌同一认定、动作习惯同一认定等。人身同一认定，除动作习惯同一认定外，都是根据人身机体某一部分的反映形象来进行的。而人的技能与习惯是经过长期练习而获得的，每种技能与习惯都必然表现为人的肌体的定型化运动或动作。各种技能与习惯，只有当它符合同一认定条件时，才可能进行同一认定。从目前情况看，对人的书写技能及书写习惯可以利用笔迹特征进行同一认定；对人的讲话技能与习惯，可以利用声纹特征进行同一认定。需要注意的是，对尸体的同一认定也是人身同一认定，这种同一认定可以通过各种科学鉴定来实现，也可以通过有关人员的辨认来实现，其主要依据是死者的相貌、衣着、牙齿、身体的疤痕、内脏的解剖病理特征和生前的手术特征等。

物体同一认定是以解决先后出现的物体是否同一为目的的同一认定。物体同一认定可以按具体被认定同一的物体是否断离，分为完整物同一认定和断离物同一认定。完整物同一认定解决的是案件中先后出现的两个或两个以上的完整客体是否属于同一客体的问题，如鞋底的同一认定、工具刃口的同一认定以及枪支的同一认定等都是完整物的同一认定。断离物同一认定是一种特殊形式的同一认定，是根据完整物被分离后，物证与其剩余物之间的整体分离关系进行的同一认定，是解决它们是否原属同一个体的问题，如两截木棍的同一认定、被撕裂的纸张的同一认定等就是断离物同一认定。值得注意的是，由于侦查破案的最终目的是人身同一认定，所以物体同一认定总要服务于人身同一认定。一般而言，物体同一认定只解决该物体自身与案件的联系问题，并未说明犯罪嫌疑人与案件的联系。尽管在某些案件中此物品就是属于该犯罪嫌疑人的，我们也要进一步认定该物品与犯罪嫌疑人在犯罪过程中的关系。

场所同一认定是依据场所的综合特征来判断其是否同一的一种认识活动。一般来

说，场所同一认定是要求认定某个场所是否就是与案件有关的那个场所。从某种意义上而言，场所也属于物体的范畴，但场所与通常所指的物体终究有较大的差别。一方面，场所有比较固定的空间位置；另一方面，场所总是由许多物体综合而成的，所以，这些物体间的相互关系对场所同一认定具有重要意义。场所同一认定有两种形式：第一是由侦查人员根据某场所的各种痕迹和物品来认定其是否是犯罪现场；第二是由被害人对某场所进行辨认以认定它是否为要查找的那个与案件有关的场所。

（三）根据同一认定的依据不同，同一认定可以分为形象特征同一认定、动作习惯同一认定、物质成分特征同一认定等

形象特征是指客体的外表结构、形状、图案、花纹颜色等方面的特征，如人的相貌、手指的乳突花纹、工具的外表形状、鞋底的花纹等。根据客体的形象特征进行的同一认定是传统的同一认定，在当今仍然是最主要的同一认定形式。通常情况下，同一认定并不能直接以客体特征为依据，而要以客体的反映形象特征为直接依据。反映形象是客体的某些外表形象特征在另一个客体上的反映，它是特征反映体的一种。反映形象又可分为物质性反映形象和意识性反映形象，前者如指印、足迹、工具痕迹等，后者则是指客体在辨认者大脑记忆中留下的印象。目前，形象特征同一认定主要包括手印同一认定、足迹同一认定、工具痕迹同一认定、枪弹痕迹同一认定、断离体痕迹同一认定等，对人或物的辨认也属于此类同一认定。

动作习惯特征是指反映着某客体特殊运动规律的那些特征。利用客体的运动习惯特征来进行同一认定的主要领域是人身同一认定。人的动作习惯特征在实践中常被用作同一认定对象的有两种：生理活动习惯特征和特殊的技能习惯特征。

生理活动习惯特征，主要是指以人的某些生理功能为基础而形成的习惯特征。例如，人的说话习惯和走路习惯就是以生理功能为基础而逐步形成的，它们分别构成了声纹鉴定和步法鉴定的主要依据。

技能习惯特征，是指因某种特殊的需要而在生理机能的基础上反复练习而形成的带有技能性的习惯特征。笔迹鉴定所依据的主要就是技能习惯特征。另外，编织、裁剪缝纫、纳鞋以及各种手工修理、雕刻艺术都能够形成具有特定性的技能、习惯特征。

物质成分特征是指客体成分的结构、排列及其含量比例等方面的特征。根据物质成分特征的属性不同，这类同一认定又可分为根据客体本身的物质成分特征进行的同一认定和根据客体附着物的物质成分而进行的同一认定。

（四）根据同一认定结论的不同，同一认定可分为肯定性同一认定和否定性同一认定

前者可确定某客体与案件事实的联系，后者可排除某客体的嫌疑。根据结论的确定性程度，同一认定又可分为确定性同一认定和非确定性同一认定（又称推测性同一认定）。其中，非确定性同一认定并非毫无意义，它是在当前的条件下所作出的一种带有倾向性的推测。经过努力，非确定性同一认定也可能会转化为确定性同一认定。

四、鉴定型同一认定的步骤和方法

（一）检验前的准备工作

检验前的准备工作包括熟悉案件情况、查验送交检验的材料、了解鉴定要求、准备必要的器材、复制检验材料。

1. 熟悉案件情况。首先，物证技术鉴定中的同一认定多数是根据客体的痕迹或复制品进行的，而痕迹和复制品的形成条件、发现和收取的方法对研究客体的特征有着重要意义；其次，被寻找客体从留下痕迹到被发现一般会间隔一段时间，在这段时间内，这个客体本身可能会发生人为的或自然的变化，这些变化对研究客体的特征有着重要的意义；最后，比对样本的收集方法、保存方法对同一认定结论的评断也有重要意义。因此，熟悉案件情况，对正确进行科学检验和正确评断检验过程中所发现的符合点和差异点都是十分必要的。鉴定人员熟悉案情的方法，通常是听取送检人员的介绍，或调阅案件中的有关笔录，必要时，还可对犯罪现场进行实地观察研究。

2. 查验送交检验的材料。查验送检材料的主要目的是：查看送检材料是否短缺和是否完好无损；初步确定检验现场物证材料的可靠程度，为解决是否需要修改鉴定要求提供依据；了解现场物证材料是否有鉴定条件，样本是否有可比条件。

3. 了解鉴定要求。鉴定要求是送检单位提请鉴定人解决的问题。鉴定人员在开始检验前，应当运用自己的专业知识考虑送检单位提出的鉴定要求是否合适，是否需要进行修改。一般来说，修改有以下三种情况：

第一种情况，对鉴定要求并无实质性改动，只是使问题的提法在措辞上更准确。这种修改无疑是被允许的。

第二种情况，由于鉴定要求解决的问题范围太大，鉴定人员认为需要修改鉴定要求，缩小检验范围。此类修改，问题比较复杂，应当和送检单位商讨后决定。

第三种情况，鉴定人员初步研究认为，通过鉴定不仅可以解决送检单位提出的要求，而且还可以解决其他对案件有意义的问题，因而认为有必要修改鉴定要求，扩大检验范围。这类修改反映了鉴定人员为侦查工作服务的主动性，无疑是应当鼓励的。

4. 准备必要器材。为了检验供认定同一客体，往往需要比较精密的科学器材。科学仪器在进行同一认定中的作用主要表现在两个方面：一方面，科学仪器有助于发现更多的同一认定特征。被寻找客体反映在痕迹、笔迹中的特征，究竟能发现多少、利用多少，往往与其所采用的科学仪器有密切关系；另一方面，科学仪器有助于顺利地进行比较检验。为了解决是否同一的问题，不仅要检验供认定同一客体上反映的特征，而且要对发现的特征进行比较检验。各种供比对用的精密仪器，如比较显微镜、比对投影仪等，能够提供既准确又方便的条件。

5. 复制检验材料。无论检材和样本是原物自身还是其反映形象，在检验前都要采用科学技术方法进行复制。复制的方法有拍摄照片、制作复印件、制作模型、制作幻灯片、制作实验样本等。为了便于进行比较，复制样本时必须选准客体的部位，采用与检材形成时相同的条件与方法。

（二）分别检验

分别检验是检验的第一阶段，它的任务是要研究被寻找客体和受审查客体各自的特征，以便为下一阶段的比较检验提供良好的条件。分别检验的对象为：研究被寻找客体的特征，要检验该客体留下的反映形象中的特征；研究受审查客体的特征，需要检验取自该客体的样本；有时还要检验受审查客体自身。分别检验的顺序是先检材后样本。这是因为掌握了被寻找客体反映形象中的特征后，在检验受审查客体样本时，就可以更加明确目标。就特征而言，应当先检验一般特征，后检验细节特征。前者表明整个客体的特点，后者说明了客体个别部位的特点。当发现客体的一般特征有明显的本质差异时，即可作出否定同一认定结论，而无需对细节特征进行徒劳的检验。

（三）比较检验

在分别检验的基础上对被寻找客体和受审查客体的特性进行研究和比对，以确定两个客体特性之间有哪些相同，有哪些不同。对客体特性的研究，是通过对特征的研究来实现的。比较检验的顺序是先比对一般特征，后比对细节特征。比对研究的对象，一般是两个客体的反映形象，即检材和样本。有时候，作为辅助手段，也可以比较被寻找客体和受审查客体本身。

在比对反映形象过程中，可以利用各种光学仪器、摄影技术和某些辅助性工具。比对反映形象的方法，通常有特征比照法、特征重叠法和特征接合法，可根据反映形象的性质和特点适当选用。

（四）综合评断，作出结论

综合评断是在综合大量感性材料的基础上，对比较检验中发现的符合点和差异点进行科学的分析判断，并在分析判断的基础上，作出是否同一的鉴定意见。综合评断是同一认定鉴定最后的也是最关键的一个阶段。

经过比较检验阶段，参与同一认定的两个客体可能会存在着符合点和差异点，而符合点和差异点会由于反映形象所形成的条件、环境、机理以及客体自身的变化情况而存在本质与非本质之分。

通常情况下，综合评断应首先从比较检验所发现的差异点开始评断，主要分析研究差异点形成的原因：①由于现场痕迹和样本形成的机理不同而产生，如由手指印形成机理不同，环形纹可能变成类似长圆螺形纹；②由于被寻找客体在形成痕迹后继续使用或进行过修理、擦拭等而产生差异，如鞋底形成痕迹后继续穿用，由于磨损、修补而产生差异；由于反映形象本身形成后发生变化而产生；③由于被寻找客体和受审查客体本来就是两个客体；等等。如果确定差异点是由于上述第一、二、三种原因引起的，则存在的这些差异点是非本质的，并不影响对是否同一的问题作出结论；如果差异点不可能用上述第一、二、三条原因加以解释，就可以作出否定结论。在解释差异点产生的原因时，还应当考虑犯罪分子可能故意改变客体特征，如犯罪分子故意改变自己的笔迹特征、故意掩饰或破坏自己指纹的特征、故意损坏犯罪工具特征等。

如果被寻找客体和受审查客体的特征没有本质上的差异或者虽然有差异，但已得到科学的解释，还要对符合点进行评断。评断符合点首先要评断符合特征的质量。所谓客体特征的质量，是指它对同一认定的价值，这种价值取决于特征的性质和出现率。客体的特征按其性质可分为一般特征和细节特征两大类。一般特征是指说明客体总体特性的特征，是某一类、某一种或某一型号的客体所共同具备的特征，如指纹的类型、鞋底的花纹结构、手枪的口径和来复线条数等。细节特征是某一客体所特有的特征，如指纹纹线的分歧与结合、鞋底的破损、手枪来复线磨损程度、笔画搭配比例关系等。同时，评断符合点也不可忽视符合特征的数量。究竟需要多少个符合点才可以作出肯定同一的结论？迄今为止，无论是哪一种同一认定，实践中都没有数量标准。一般来说，如果符合点中有罕见的特征，要求的数量较之常见的特征要少一些。

经过评断，如果认为已经发现的符合点作为一个整体，不可能在其他客体上重复出现，就可以作出受审查客体就是被寻找客体的结论；如果认为符合点仅仅是一些一般特征，就不能作出受审查客体就是被寻找客体的结论。在这种情况下，鉴定工作就只能以确定某些一般特征相同而告终。还有一种情况，鉴定实践中受各种主客观因素的影响，确实存在既不能肯定又不能否定已知客体与未知客体是否同一的情形，对此鉴定人就可以作出带有一定倾向性的分析意见。这种分析意见虽不能作为证据使用，但也有积极的利用价值，因为所提出的推断性结论是基于客观事实作出的，不能将之等同于主观臆断，甚至随着侦查的不断深入、证据的不断完善，这种不确定性的分析意见可以转化为确定性结论。

（五）制作鉴定书

表述鉴定意见的法律文书就是鉴定书。鉴定书的内容包括：送检事项、检验、论证、结论四个部分。

送检事项部分，应当写明送检单位、送检人、受理日期、简要案情，检材的名称、种类、数量、提取方法、载体及包装、运送情况，鉴定要求。

检验部分，应当记录检材和样本的形态、材质、大小、检验和实验的步骤、方法、手段等。通过检验所发现的数据、特征，确定检材与样本的相同与不同特征。

论证部分，应当对检验发现的特征、数据进行综合评断，并论述结论的科学依据。

意见部分，应对送检单位提出的是否同一的问题作出肯切的回答。鉴定意见应使用确定的语气。如确因检材不够、缺乏鉴定条件，无法得出鉴定意见，也可以提出分析性意见。

鉴定书应当文字简练，描述确切，照片清晰真实，特征描画鲜明。要能使懂得同一认定基本知识的人阅读鉴定书后能够判断鉴定人的检验方法是否正确，以及鉴定意见是否是从检验所发现的特征中得出的正确结论。

五、对同一认定结论的评断

我国《刑事诉讼法》规定，各种证据必须经过查证属实，才能作为定案的依据。以解决是否同一的问题为目的的鉴定意见，和其他证据一样，也必须经过查证属实，才能作为证据加以使用。鉴定意见虽是在科学检验的基础上作出的，但它是否确实可靠，在案件中的证据意义如何，都须由侦查人员和审判人员正确地进行评断。鉴定意见的评断分为两个方面：①评断鉴定意见的科学可靠性；②评断鉴定意见的证据意义。这两方面互相联系，科学可靠性是鉴定意见构成诉讼证据的基础，证据意义则表明鉴定意见在证据体系中的地位和作用。

（一）对同一认定结论科学可靠性的评断

同一认定鉴定意见是鉴定人根据自己的专门知识，对案件中的专门性问题，经过科学的检验和分析后作出的，一般来说是科学可靠的。但由于种种原因，鉴定意见也可能不正确。因此，不应盲目相信各种鉴定意见。评断鉴定意见的科学性时，应注意审查以下几个方面的情况：

1. 关于鉴定人方面的情况。审查鉴定人是否具备解决案件中专门性问题的知识以及解决专门性问题的实际能力。这一点可从多方面考察，如鉴定人是否受过专门的业务教育、从事科研工作的工龄、有无鉴定经验、有何技术职称等。若鉴定人不具备条件，其所作的鉴定意见是不可信的，必要时应另行指派、聘请鉴定人。另外，还要对鉴定人的职业道德进行审查，查明其是否有受外界干扰、故意作虚假鉴定意见的情况。

2. 关于检验方面的情况。首先，应审查检材是否具备鉴定条件，样本是否有比对条件，尤其要注意检材和样本的来源是否确实。把来源不确实的材料作为鉴定依据，根据不具备鉴定条件的材料作出鉴定意见，或是鉴定材料在收取、传递、保管过程中，受到意外损伤，都可能会使鉴定意见发生错误。其次，要注意考察检验工作是否充分，如果检验不够充分，就不能认为作出的鉴定意见在科学上是可靠的。例如，在检验可疑文书上是否有添写内容时，如果鉴定人只对有关部分字迹的墨水进行比对检验，而未对字迹笔画的细微特征进行检验就不能认为检验是充分的。最后，要审查鉴定意见的科学依据，即鉴定人所依据的原理是否科学，运用的设备是否完善，采用的方法是否正确。如果鉴定人运用的原理和方法尚未得到验证，在学术界还存有争议，就很难认为根据这些原理和方法进行的检验在科学上是可靠的。

3. 关于论证方面的情况。在同一认定鉴定书的论证部分，应当就此对检验中发现的差异点与符合点进行综合评断。在评断同一认定结论时，应当注意论证是否充分。

如果在检验部分描述了发现的差异点，结论是认定同一，但在论证部分未对差异点进行解释，或者虽有解释，但缺乏说服力，这样的论证就是不充分的。论证不充分，结论就不易使人信服。

4. 审查鉴定意见和其他证据的关系。即审查鉴定意见与其他证据是否协调一致，有无矛盾，如相互矛盾，则要对鉴定意见与其他证据一并审查，以确定其客观真实性。

（二）对同一认定结论证据意义的评断

评断鉴定结论的科学可靠性是要解决鉴定所确定的事实是否正确，而评断鉴定意见的证据意义则要解决鉴定所确定的事实对于确定犯罪事件和认定被告人有罪究竟有什么意义。违背科学性的鉴定意见，当然毫无证据意义。但同是符合科学的鉴定意见，在案件中的证明力也不尽相同。有的证明价值较大，有的证明价值较小。

1. 对认定人身同一结论的评断。对人身进行同一认定所依据的反映形象，可能有两类情况：一类是同正在侦查的犯罪事件没有联系。例如，根据指纹登记卡片上的指纹对犯罪嫌疑人进行同一认定，根据照片对无名尸体进行同一认定，等等。根据这类反映形象进行同一认定作出的鉴定意见，对侦查证实犯罪的意义，要根据它们在侦查任务中所起的作用来决定。另一类是同犯罪事件存在联系。其中，又可分为以下几种情况：

（1）反映形象是实施犯罪或掩盖犯罪行为时形成的。例如，实施犯罪时，在犯罪现场入口处的门窗木框上留下的指印，根据这种反映形象作出认定同一的结论，是证明被认定同一的人实施犯罪的有力证据。

（2）反映形象是在犯罪现场逗留时形成的。根据这类反映形象作出的同一认定结论，不能证明一定的人实施了某种犯罪行为，而只能证明一定的人到过犯罪现场。如果要证明被认定同一的人不仅同犯罪现场有联系，而且同犯罪行为也有联系，那么，还需查明一系列其他情况，例如，此人平时是否来过犯罪现场，特别是案发前后是否到过犯罪现场，在现场接触过哪些物品等。必要时，还可询问其本人在案发前是否到过现场，若到过现场，要仔细了解和研究其在现场的情况；若否认到过现场，而同一认定结论又证明他接触过现场物品，则要仔细研究其为什么要否认到过现场，是出于狡猾抵赖还是由于害怕。

（3）反映形象是在案件中发现的一些物品上提取的。例如，在现场勘查中发现的遗留物上或在搜查中发现的可疑文书上提取的痕迹。根据这类反映形象进行的同一认定的结论，并不能证明一定的人实施了犯罪行为或者在犯罪现场逗留过，但这个结论却能为侦查人员找到同犯罪事件有联系的人提供十分重要的线索和方向。在这种情况下，侦查人员应仔细研究留在这些反映形象上的物品为什么会出现在犯罪现场或某个人的住处。为了研究这些问题，有时可以对受审查的人直接讯问。

2. 对认定特定物同一结论的评断。对特定物同一结论的评断包括两个方面：第一，确定被认定同一的物同犯罪事件的联系；第二，确定特定物与一定人的联系。

被认定同一的物同犯罪事件的联系，有三种情况：

（1）已被认定同一的物是犯罪分子实施犯罪的工具。例如，根据门上的撬压痕迹，认定该痕迹为某一工具所留；根据碎尸骨骼中发现的刀刃碎片，认定碎尸是使用了某一把菜刀；等等。这都可以证明已被认定同一之物为犯罪工具。

（2）已被认定同一的物曾在犯罪地点被使用过。例如，根据现场的鞋印，认定其为送交检验的胶鞋所留。这个结论只能说明这只胶鞋曾经在犯罪地点被穿用过，但不能说明它就是犯罪时所穿用的。要想证明这点，还要查明一些其他情况，排除在犯罪时间以外留下这个鞋印的可能。

（3）已被认定同一之物，同犯罪事件只有间接联系，既不是犯罪工具，又不曾在犯罪地点被使用过。例如，根据现场遗留物上的工具痕迹，认定其为某一工具所留。这个结论既不能证明这一工具就是犯罪工具，也不能证明它在犯罪现场被使用过。但是，既然它与现场遗留物和犯罪事件有着某种间接联系，所以它还可以为侦查犯罪提供一定线索。

思考题

1. 为什么说逆向思维是侦查的主要思维形式？

2. 侦查信息在侦查破案中有什么作用？

3. 谈谈你对同一认定基本原理的理解。

线上资源链接

第二部分 什么是侦查

第 三 章

侦查概述

重点导引

1. 什么是侦查？

2. 侦查权力的性质。

3. 侦查的内外价值包含哪几方面？

4. 如何协调侦查程序与侦查结果之间的关系？

第一节　侦查的概念与特征

一、侦查的字义考证

（一）"侦"的字义辨析

"侦"字最早见于《易经》中，据《辞源》称：侦，有两种含义，第一种是指问；第二种是指探伺。《辞海》称：侦，探伺；暗中察看。[1]《现代汉语词典》称：侦，暗中察看；调查；探查。[2]

古人多用"伺"来解释"侦"。关于"伺"字，《辞源》称：伺，侦察；等候。古通作"司"或作"司见"。[3]《辞海》称：伺，侦候；探察。[4] 如伺便，伺机。《现代汉语词典》称：伺，观察；守候。如窥伺、伺机。[5]

从字义上看，"侦"意指暗中或秘密的刺探、调查、观察、查看，强调其暗中或秘密的特点；而"伺"，则意指观察、候望，其暗中或秘密的特点不显著，因而表意刺探时，前面加"微"或"窥"来修饰。

---

〔1〕 本书编写委员会编：《辞海（全3册）》，上海辞书出版社1989年版，第270页。

〔2〕 中国社会科学院语言研究所词典编辑室编：《现代汉语词典》，商务印书馆1996年版，第1597页。

〔3〕 商务印书馆编辑部编：《辞源》（第一册），商务印书馆1979年版，第192页。

〔4〕 本书编写委员会编：《辞海（全3册）》，上海辞书出版社1989年版，第266页。

〔5〕 中国社会科学院语言研究所词典编辑室编：《现代汉语词典》，商务印书馆1996年版，第1198页。

（二）"查"的字义辨析

关于"查"字，《辞源》称：查，有五种含义。其中第二种含义是考察、检点，其余与侦查不直接相关。[1]《辞海》称：查，寻检，如查究；查核。[2]《现代汉语词典》称：查，检查；调查。[3]

（三）"侦查"与"侦察"辨析

在我国，侦查与侦察两个概念经常混用。有的学者认为，侦查是公开的，而侦察是秘密的，两者在采取的措施上有所不同。有的学者认为，这两个概念是完全相同的，可以通用。通过文献查阅，关于"侦查"，古汉语中尚未见这一词条。关于"侦察"，《辞源》称：侦察，暗中察看。《后汉书九十·乌桓传》称："为汉侦察匈奴动静。"[4]可见这里的"侦察"是作军事术语。《辞海》称：侦察，"为获取军事斗争所需敌方或有关战区的情况而采取的措施。按任务范围分为战略侦察、战役侦察和战术侦察；按活动空间分为地面侦察，海上（水中）侦察和空中侦察；按活动方式分为武装侦察、技术侦察和谍报侦察。采用的主要手段有：观察、窃听、搜索、捕俘、战斗侦察、照相侦察、雷达侦察、无线电侦听与测向、调查询问、搜集文件资料等"。[5]显然，现代意义上的"侦察"一词，也是作为军事术语使用。

而我国现行《刑事诉讼法》第108条第1项明确规定："侦查是指公安机关、人民检察院对于刑事案件，依照法律进行的收集证据、查明案情的工作和有关的强制性措施。"作为受《刑事诉讼法》规制的一个重要阶段，在《刑事诉讼法》里统一使用"侦查"，而彻底摒弃"侦察"，其目的自然是将"侦查"这一法律术语与军事和政治分开。这说明在我国法律逐渐规范完善、用词逐渐科学严谨后，"侦查"已为社会和法律所承认，蕴含着法治的精神。

二、侦查的概念

法律术语都是从司法实践中来，经理论阐释被公认，由正式的法律明文规定加以确认后，方完成其成为标准的法律术语的历程。一般而言，对侦查概念的论析，应先从其学理解释入手，再到其法理解释。但由于我国现行《刑事诉讼法》中已有对侦查的概念的法理解释，国内各界对侦查的概念的学理解释也多是从《刑事诉讼法》对此的解说演绎而来的。

（一）侦查的法律界定

2018年我国新修订的《刑事诉讼法》第108条第1项明文规定："侦查是指公安机

---

〔1〕 商务印书馆编辑部编：《辞源》（第二册），商务印书馆1980年版，第1549页。

〔2〕 本书编写委员会编：《辞海（全3册）》，上海辞书出版社1989年版，第1447页。

〔3〕 中国社会科学院语言研究所词典编辑室编：《现代汉语词典》，商务印书馆1996年版，第131页。

〔4〕 商务印书馆编辑部编：《辞源（全3册）》（第一册），商务印书馆1979年版，第243~244页。

〔5〕 本书编写委员会编：《辞海（全3册）》，上海辞书出版社1989年版，第270页。

关、人民检察院对于刑事案件，依照法律进行的收集证据、查明案情的工作和有关的强制性措施。"这一概念强调了侦查是一项工作和有关的措施。

我国澳门特别行政区 1996 年《刑事诉讼法典》第二部分第六卷第二编第 245 条第 1 款规定："侦查系指为调查犯罪是否存在、确定行为人及行为人之责任，以及发现及收集证据，以便就是否提起控诉作出决定而采取之一切措施之总体。"这一概念认为侦查是措施。

国外绝大多数国家关注侦查的具体内容，而很少有在法律中对侦查的概念进行界定。英国 1996 年《刑事侦查与诉讼法》第二编首先规定："侦查是指警察或其他负有查明案件情况义务的人所进行的为确定被告人是否犯有某项罪行或被告人是否有罪所进行的活动。"这一概念将侦查定位于活动。

（二）侦查的学理解释

《现代日本法论》称：侦查是侦查机关以达到提起公诉及实行公诉为目的而发现犯罪人和收集证据的程序。这是基于"诉讼的侦查观"的侦查的概念。《简明不列颠百科全书》称：侦查（Criminal investigation），指研究犯罪和抓捕罪犯的各种方法的总和。[1] 美国侦查理论界有人认为，侦查与民事调查无明确的界限。有的学者认为："侦查（也可译为调查）是用以将足以导致成功的刑事起诉或民事诉讼的事实发现、确定（指它们与一件违法事件有关联）、收集、保存，并随后作为证据准备于预期的法律程序的手段。"这种观点显然淡化了民事调查与侦查的界限。

我国学者们对侦查的界定多将"公安机关、人民检察院"改为"侦查机关"或"有侦查权的机关"，例如："刑事侦查，是指国家法律赋予有侦查权的机关在刑事诉讼活动中，为了查明案情，收集证据，揭露证实犯罪和揭发犯罪人，依照法律进行的专门调查工作和有关的强制性措施的总称。"[2] 又如：侦查是"刑事诉讼中为搜集证据、审查证据、揭露犯罪、查缉犯罪人以及追究刑事责任而进行的专门调查工作和有关的强制措施。在我国，侦查权由公安机关、国家安全机关和人民检察院行使，其他任何国家机关、团体和个人都无权行使。"[3] 这显然都犯了用"侦查"解释"侦查"的逻辑错误。

（三）侦查概念的确定

要对侦查的概念进行确定，就必须明确侦查这一概念的构成要素：

1. 侦查的主体。侦查的主体是指行使侦查权的机关和部门。侦查是国家的一项重要职能。侦查权只能由法定的侦查机关行使，法律也对行使侦查权的机关及各自的职权范围进行了明确规定。一般而言，侦查的主体资格必须由国家权力机关以法律的方

〔1〕 姜椿芳总编：《简明不列颠百科全书》，中国大百科全书出版社 1985 年版，第 669 页。
〔2〕 陈祥印：《刑事侦查学》，成都科技大学出版社 1997 年版，第 1 页。
〔3〕 《法学词典》编辑委员会编：《法学词典》，上海辞书出版社 1989 年版，第 613~614 页。

式明文授予。从世界范围看，各国法律都把侦查权授予了警察机关和检察机关，我国的《刑事诉讼法》也不例外。在我国享有侦查权的主体有：

（1）公安机关。我国公安是国家的主要侦查机关，担负着大多数刑事案件的侦查职责，可以依法行使侦查权。

（2）人民检察院。人民检察院在对诉讼活动实行法律监督中发现的司法工作人员利用职权实施的非法拘禁、刑讯逼供、非法搜查等侵犯公民权利、损害司法公正的犯罪，可以立案侦查。对于公安机关管辖的国家机关工作人员利用职权实施的重大犯罪案件，需要由人民检察院直接受理的，经省级以上人民检察院决定，可以由人民检察院立案侦查。

（3）国家安全机关。国家机关依照法律规定，办理危害国家安全的刑事案件，行使与公安机关相同的职权。

（4）军队保卫部门。军队保卫部门对军队内部发生的刑事案件行使侦查权。

（5）监狱。罪犯在监狱内犯罪的案件，由监狱进行侦查。

（6）中国海警局。中国海警局履行海上维权执法职责，对海上发生的刑事案件行使侦查权。

2. 侦查的对象。侦查的对象是需要立案侦查的刑事案件，包括与刑事案件有关的人、物和场所。我国《刑事诉讼法》明确规定，侦查的开展必须经过立案程序，只有经过立案后的刑事案件，才能对其进行侦查。

3. 侦查的目的。不同的侦查模式下有不同的侦查观。侦查最主要的目的是查明案件情况，收集犯罪证据，揭露犯罪事实，揭发犯罪人，为诉讼、审判服务。

4. 侦查的内容。侦查的内容包括侦查机关为查明案件情况、收集犯罪证据、揭露犯罪事实、揭发犯罪人而采取的各种调查性措施和强制性措施。

5. 侦查的性质。从程序法的角度，侦查是诉讼准备程序，是由众多步骤组成的一个过程；从实体上看，侦查是一项工作，是一种活动，更是一些措施。

由此可以总结，侦查是公安机关或检察机关为了查明刑事案件情况、收集犯罪证据而对与案件有关的人、物、场所采取的调查性措施和强制性措施。

三、侦查的特征

侦查的特征是侦查本质的外化，是侦查内在关系的外在表现形式，是区别于其他事物和现象的本质所在。掌握侦查特征，既有利于透彻地认识侦查活动现象，也有利于保障侦查程序高效、有序地运行。

（一）侦查的内在特征

1. 秘密性。在侦查实践中，犯罪活动的隐蔽性和对侦查工作的对抗性决定了侦查工作的秘密性。大部分犯罪分子都不希望自己的犯罪行为被人所知晓，更不希望承担刑事责任和受到刑罚的惩罚，因此他们在实施犯罪行为时，多在隐蔽的条件下进行，而且在侦查过程中会阻挠侦查的进行。为了成功打击犯罪行为，侦查活动也必须保持秘密性，避免打草惊蛇。同时，侦查工作的秘密性也能麻痹犯罪分子，顺利推进侦查工作的进行。

2. 时效性。刑事案件发生以后，犯罪现场、证人证言、痕迹物证都会随着时间的流逝而发生各种变化，犯罪分子也可能会采取相应的反侦查行为，如消灭证据、掩盖罪行、挟赃潜逃等，这些都会阻碍侦查的进行。因此，侦查人员应抓紧时机，收集证据，查明案情，将犯罪分子及时抓获。只有审时度势、当机立断，不失时机地开展侦查工作，才能搜集到相关的证据、抓获犯罪嫌疑人、迅速破案。追求效率是侦查活动的根本要求。

3. 推理性。如前所述，侦查的过程是一个回溯性、由果溯因的过程，运用逻辑思维，从犯罪的结果分析求证犯罪的过程、推断犯罪的起因自始至终都贯穿着侦查人员的推理活动。无论分析案情、收集证据，还是核实证据，都离不开推理，没有推理就没有侦查方向，就没有侦查范围，更谈不上侦查目标。因此，侦查活动具有明显的推理性。

4. 策略性。在侦查中，犯罪分子与侦查人员、犯罪行为与侦查行为之间是一种相互对立、相互抗衡的关系。犯罪分子实施了犯罪行为后，为了逃避打击，会千方百计地掩盖罪行、破坏侦查。而侦查人员就必须通过计谋和策略，合理地运用侦查手段和侦查技术，不断揭露其阴谋诡计，使其罪行败露。所以，侦查与反侦查是斗智斗勇的过程。

（二）侦查的外在特征

1. 法定性。侦查的法定性是指侦查权的运行必须严格遵守《刑法》《刑事诉讼法》及其他相关法律的规定。侦查是刑事诉讼的一个独立程序，它是侦查机关同刑事犯罪作斗争的一项专门性诉讼活动。《刑事诉讼法》对侦查的主体、客体以及程序和所能采取的措施都作了专门而且具体的规定。侦查只能依照《刑事诉讼法》的规定进行，是一项专门性的法律工作。

2. 特定性。侦查的特定性是指侦查这项法律活动只能由特定的机关或者人员在特定的条件下对特定的对象进行，否则就是违法侦查。

3. 强制性。侦查的强制性是指在侦查活动中，侦查措施往往都带有一定程度的强制执行性。国家通过法律明确赋予了侦查人员执行强制侦查手段的权力，甚至必要的时候可以使用武器。侦查行为本质上也具有强制性和支配性，其本身就是一种强制和暴力。侦查活动是国家对犯罪行为进行追究的一项专门性调查工作，不可避免地会给犯罪嫌疑人的权益造成强制性损害。侦查的强制性也是其区别于民事证据调查的重要标志。

第二节　侦查的权力与性质

侦查权是侦查主体行使侦查行为的前提，侦查行为是侦查权力的具体体现。与对侦查的界定不同，世界各国的《刑事诉讼法》皆有对侦查权的具体内容（如收集证据的手段、查缉犯罪嫌疑人的措施等方面）的具体规定，但却在侦查权的概念及性质上未作定义，导致在学术上存在很大争议。因此，科学地界定侦查权及其性质以及侦查权的范围，是正确行使侦查权和合理运用侦查权的前提。

一、侦查权的概念

概念是反映客观事物的一般的、本质的特征的一种基本思维形式，侦查权的科学概念也必须反映侦查权的本质特征。我国学术界对于侦查权概念的界定存在的分歧并不大，基本上都是围绕权力行使的主体、权力行使的目的、权力行使的方式、权力行使的内容等方面展开，观点基本趋向一致而在具体内容的表述上略有差异，如：

"侦查权是国家侦查机关和侦查人员，为实现侦查目的，依法定的侦查程序，运用特定的侦查手段开展侦查活动的权力。"[1]

"侦查权是侦查机关依法进行的专门调查工作和采取有关强制措施的权力。"[2]

"侦查权是侦查机关的调查取证权、采取强制措施权、预审权、依法移送起诉权，以及为查获犯罪分子而必须采取的紧急措施、特殊措施权。"[3]

"侦查权是国家司法权的一部分，指依照法律进行专门调查工作和采用有关强制措施的权力。"[4]

"侦查权是国家机关和侦查人员为实现侦查目的，依法定的侦查程序，运用特定的侦查手段开展侦查活动的权力。"[5]

综上所述，侦查权是指国家法律赋予特定机关和特定人员，为实现《刑事诉讼法》赋予侦查的目的，运用特定的侦查手段，依照侦查的法定程序行使作出侦查行为、开展侦查活动的权力。

〔1〕 郭晓彬主编：《刑事侦查学》，群众出版社 2002 年版，第 52 页。
〔2〕 甄玉金、彭志远主编：《新编实用法律辞典》，中国检察出版社 1998 年版，第 445 页。
〔3〕 公安部、政治部：《刑事侦察学导论》，警官教育出版社 1997 年版，第 207 页。
〔4〕 曾龙跃主编：《中国检察百科辞典》，黑龙江人民出版社 1993 年版，第 60 页。
〔5〕 任惠华主编：《侦查学原理》，法律出版社 2012 年版，第 11 页。

二、侦查权的性质

侦查权作为一种特殊职权，其特性是其权能确立与内容构成的基础。由于权力的行使和运行是一个非常复杂且难以说清的问题，在一种制度中出现不同性质权力的交叉和重叠是极其正常的现象。就侦查权而言，其权力的司法性与行政性是其最本质的特性；除此之外，侦查权的法定性与强制性、独立性与专门性等也是其所蕴涵的显著特性。

（一）侦查权的国家性和阶级性

一方面，侦查权作为国家权力的一部分，是国家主权的具体体现之一。侦查权是由国家法律授予特定的机关和人员行使的权力，其权力的行使是建立在以国家强制力为后盾的基础之上的，其他非经授权的任何组织和个人均不得行使侦查权。另一方面，根据国际惯例和国际法公认的侦查原则，侦查权的行使是在一国范围内进行的，任何一个主权国家都不允许别国在本国境内开展侦查活动。当涉及涉外刑事案件侦查时，只能请求涉案国予以国际侦查协助。这也是尊重被请求侦查协助国的国家主权的表现。因此，侦查权具有国家性。

侦查权的阶级性主要表现为侦查权作为国家机器的重要组成部分，是为统治阶级利益服务的。自有犯罪产生以来，代表统治利益的阶级和代表社会利益的阶级都同犯罪展开了不懈的斗争。随着社会的发展，犯罪的行为方式由简单向复杂演化，同犯罪作斗争已非个人和小群体的能力所及，必须依赖全社会的整体合力和专司其职的权力主体方能行之有效。控制犯罪越来越成为统治阶级和全社会的共同利益，侦查职能的产生及其国家权力化就成为了历史的必然。而作为国家权力的侦查权，必然由统治阶级所掌握并为统治阶级的利益服务，这就决定了侦查权鲜明的阶级性。我国是人民民主专政的社会主义国家，因此侦查权的行使必须为无产阶级的利益服务。

（二）侦查权的司法性与行政性

侦查活动作为刑事诉讼活动的重要阶段，其目的是正确判明案件事实，最终为实现国家刑罚权的司法活动提供基础、创造条件；侦查活动的内容主要表现为调查、取证和揭露事实真相，是司法活动的重要组成部分，因而，侦查职能是司法职能的组成部分。此外，各国的侦查主体都是司法主体或准司法主体，侦查权均被视为司法权的一种，具有司法性。

侦查权的行政性是由其管理的内容和行使的手段所决定的。行使侦查权的任务是主动、持续地去执行法律规范，调整侦查法律关系中各种利益关系，实现法律尤其是刑事法律作为规范全社会成员行为准则的目的，因而这种权能具有执法权的性质。此外，侦查活动的任务还包括维护社会秩序的内容，因而这种活动具有社会管理的特征，而通过对社会的公共管理来实现国家意志正是行政权的重要任务；再从侦查权的手段内容上看，它大多与行政调查的手段一脉相承而异于法庭调查等纯粹意义上的司法手段。因此，侦查权又具有行政性。

（三）侦查权的法定性与强制性

侦查权的法定性表现在侦查权的取得与运作都是由国家法律明文规定的，经法律授权的主体必须在法定的范围内行使侦查权。侦查主体行使侦查权的程序与步骤也受法律明确的规范。侦查的对象也必须是法定的刑事案件，只有侦查主体在查明案件事实中的行为具有合法性，对证明案件事实收集的证据才具有法律的效力。所以，侦查权的法定性是实现侦查目的和国家刑罚权的保障。

同时，侦查权是侦查主体代表国家行使的权力，以国家的强制力为后盾。侦查权的国家权力化就已表明侦查活动的非均势对抗性。侦查的专门调查手段和有关的强制性措施本身具有强制性，这集中表现在国家通过法律明确赋予了侦查主体执行强制侦查手段的权力（如搜查、扣押、通缉、拘传、拘留、逮捕等），可以使用警械，必要时甚至可以使用武器。因此，侦查权本质上具有强制性，这也是侦查权与民间证据调查权相区别的重要标志。

（四）侦查权的专门性与独立性

侦查权作为国家追诉权，是由专门机关的专门职能部门及其具有侦查资格的侦查人员来执行的，其他任何机关、团体和个人都无权行使侦查权，否则就涉嫌违法。实现侦查权的手段是由国家法律专门规定并赋予侦查主体的。侦查权的实现过程也是一种专门的职业技巧和专门化的斗争艺术。侦查主体通过侦查策略的运筹，灵活地组织使用侦查措施和技术手段，形成对个案、类案和所有案件的特殊与一般、微观与宏观的侦破方法体系。

侦查权的独立性是指侦查主体依法独立行使侦查权，不受任何其他机关、团体和个人的干涉。侦查权作为司法权的组成部分，其权能的独立性是国家司法制度进步的重要标志。只有保证侦查权的独立性，才能保证侦查权的专门性，也才能体现侦查权的法定性。侦查权的独立有利于保证侦查主体公平、公正地司法，保障侦查主体不枉不纵、高效便捷地执法。当然，侦查权的独立性并不排除侦查权的行使要受到内部和外部的制约，接受党的领导、法律的监督和社会的监督。

（五）侦查权的主动性与权责性

侦查权作为国家的追诉权，具有主动性，主要表现在主动发现、打击、控制、预防犯罪上。只要侦查主体对自行发现或者报案、举报、控告的犯罪嫌疑事件经判断认为有侦查的必要，就应开始侦查追诉活动，行使侦查权。而且，实现侦查权的手段具有主动性，侦查中使用的各种侦查手段（如巡逻、盘查、捣毁犯罪窝点等）是以主动进攻、查明犯罪嫌疑、收集证据、缉捕犯罪嫌疑人为直接目标指向的。侦查权的主动性是由侦查的性质和侦查的目标所决定的，没有侦查权行使的主动性就无法完成侦查的目标。

　　侦查权的权责性表现为侦查主体行使侦查权的同时还需承担相应的职责，侦查权不可放弃、不可转移、不可委托、不可滥用。侦查主体实施侦查行为是代表国家行使侦查权，国家赋予侦查主体行使侦查权力和实施行为的职责，侦查主体一经接受法律赋予的侦查职权，同时也就意味着承诺应当和必须担负的责任。也就是说，只要符合启动侦查程序的条件，侦查主体就必须依法立即展开侦查活动，维护国家利益和人民生命财产的安全，尽职尽责地履行自己的职责和依法行使自己的职权，在任何情况下都不可放弃。

第三节　侦查的任务与价值

　　侦查任务是侦查机关行使侦查权力的基本目标。侦查价值是侦查在整个刑事诉讼活动中或社会乃至国家中，所体现出的一种自身具有的和无法替代的内在品质。侦查是刑事诉讼程序的重要组成部分，是办理公诉案件的第一个步骤，同时也是国家专门机关同犯罪作斗争的一种专门手段，因此，侦查任务和侦查价值都具有特殊性。

一、侦查的任务

　　侦查任务是指侦查机关必须履行的法定职责，是通过实施侦查行为达到侦查目的和实现侦查价值而担负的事项。在我国，侦查的基本任务就是对已经立案的刑事案件，依照法定程序收集、审查各种证据材料，及时地查明犯罪事实，预防和减少犯罪案件的发生，保障国家安全和社会公共安全，维护正常的社会秩序和经济秩序。

（一）收集证据，查明案件事实

　　证据是能够证明案件真实情况的一切事实，在刑事诉讼中占有极其重要的地位。侦查程序阶段的首要任务就是收集证据，查明案件事实。首先，侦查证明案件事实是追诉犯罪的要求，侦查要达到追究犯罪嫌疑人的刑事责任和惩罚犯罪的目的，前提是查明案件事实并查获犯罪；而收集证据是侦查证明案件事实的关键，查获犯罪嫌疑人是实现追诉犯罪这一目的的保证。其次，侦查证明案件事实是刑事案件的特殊要求。一方面，刑事案件的社会危害性强、性质严重，有些案件危及社会安定和国家稳定的大局，所以需要查明案件事实；另一方面，出于刑事打击的严厉性，任何一项证据材料只有经过查证属实才能作为定案的依据。

　　查明案件事实主要包括两个方面的内容：①确定是否发生了犯罪事实；②如果发生了犯罪事实，必须查明犯罪，分析实施犯罪的时间、地点、手段、动机、目的、侵害的对象、造成的危害后果以及犯罪人实施犯罪时的年龄和精神状态等。也就是说，凡是根据我国《刑法》规定已经构成犯罪并且应当追究刑事责任的各种事实，在侦查中都必须周密全面地对其进行调查、核实。

（二）缉捕犯罪嫌疑人，追缴赃款、赃物

犯罪分子实施犯罪后，总是想方设法地逃避法律的打击，如毁灭罪证、转移赃物、伪造现场、栽赃陷害等。因此，侦查的重要任务之一就是要对犯罪分子或重大犯罪嫌疑分子及时地采取必要的强制措施，以防他们逃避侦查、审判和继续进行新的犯罪活动。如果犯罪分子已经逃窜，侦查机关应迅速组织力量进行追击堵截，或请求外地侦查机关协助查缉。

侦查人员在破获涉及财物的犯罪案件后，还要采取必要的措施向犯罪分子追缴赃款、赃物，如搜查、扣押、冻结等，以防止犯罪分子对财物的隐藏、毁坏或挥霍。

（三）保障正当的诉讼权利不受侵害

侦查作为一种直接作用于刑事案件及其犯罪嫌疑人的国家强制力，在侦查程序运行的过程中，应查明案件事实情况，使被害人的权益尽可能得到保护，同时还应保障犯罪嫌疑人、辩护人、证人以及其他诉讼参与人的诉讼权利，确保无辜者不受刑事追究。犯罪分子在作案后，为了逃避打击，往往制造假象，转移视线，嫁祸于人，甚至捏造假材料，提供假证据，诬陷他人。这就要求侦查人员在侦查过程中全面收集证据，不但要注意收集能够证明犯罪嫌疑人有罪的材料和口供，也要注意收集能够证实犯罪嫌疑人无罪的材料，认真听取犯罪嫌疑人无罪的辩解。

（四）防范、控制犯罪

综合治理、预防犯罪是全社会的共同任务，而侦查机关主要是从打击犯罪的角度开展预防犯罪的工作。侦查中防范、控制犯罪的任务主要表现在以下几个方面：第一是通过侦查破案，消除犯罪行为人继续实施犯罪的可能性，并以此激发社会各界防范犯罪行为的积极性，震慑潜在犯罪行为；第二是通过侦查机关加强自身的基础业务建设，提高发现和控制犯罪活动的能力，特别是对公共场所、复杂地区和特种行业的阵地控制，以及坚持专门工作与群众工作相结合、公共管理与秘密控制相结合的方法等，通过各种渠道及时发现和预防犯罪；第三是通过侦查破案和调查访问的有利条件，既可以利用犯罪资料分析研究特定时期和特定地区刑事犯罪的成因，为全面和科学的侦查决策与部署提供客观依据，又可以通过发案单位犯罪防范的漏洞与个人的疏忽，向全社会提供对犯罪防范的意见和建议，增强社会与个人防范犯罪的意识。

二、侦查的价值

侦查价值是指人们通过设置侦查程序，开展侦查活动所要达到的理想目标和人们评价侦查活动的客观标准。通过对侦查价值的研究，一方面，有利于树立正确的侦查价值观，使侦查程序的设置能够坚持正确的价值导向；另一方面，有助于采取有效的措施，尽量避免侦查的负面价值，提高侦查行为的社会效益。

（一）侦查的外在价值

侦查的外在价值是指侦查程序为实现刑事诉讼目的以及实现直接社会目的所体现的价值。这种价值的衡量和评价以侦查程序对刑事诉讼目的和直接社会目的的实现状况为尺度和标准。一般而言，侦查机关在侦查程序中通过实施侦查行为，能够及时有效地查明案情，为起诉和审判提供确实充分的证据。国家法律赋予侦查机关侦查权的目的在于，侦查机关查明案件事实、收集证据和查获犯罪嫌疑人，防止犯罪嫌疑人继续危害社会和保护社会广大公民的利益，保证侦查行为结果的有效性。

1. 诉讼价值。我国刑事诉讼的基本运行过程为立案、侦查、提起公诉、审判和执行等基本程序阶段。侦查虽然形式上为刑事诉讼的第二个阶段，但实质上是刑事诉讼的第一个阶段。立案程序的独立性并不明显，它更多地表现为履行一定的登记手续而作为侦查程序的一个内在组成部分，从某种意义上说，它只是侦查的一个组成部分。犯罪是整个刑事诉讼要解决的问题，而这个问题的解决主要取决于侦查程序的运行程度。侦查程序中收集证据和查明案情的程度决定了案件是否具备提起公诉的条件，也决定了审判程序是否能够正常进行，以及审判结果的合理性。因此，侦查是起诉和审判的基础，侦查程序体现着提起公诉之可行性和审判进行之质量乃至结果的基础性价值。

2. 权利保障价值。侦查程序是实现权利保障的关键性阶段，从广义上讲，侦查程序的权利保障既包括对犯罪嫌疑人的权利保障，也包括对被害人和广大社会成员权利的保障。确保无辜者不受刑事追究这一侦查程序的外在价值，其基本内涵是指通过侦查程序的运行，保证无辜者不被追究刑事责任，不被错误地追究刑事责任和处以刑罚。另外，维护被害人权益也是侦查程序外在价值的一个重要组成部分，追诉犯罪本身也意味着被害人权利和利益的实现。

3. 犯罪控制价值。犯罪控制是指通过侦查程序，及时地控制犯罪，防止犯罪嫌疑人继续实施犯罪或逃避诉讼程序，确保国家刑罚权的实现。侦查的犯罪控制价值主要体现在两个方面：直接的犯罪控制与间接的犯罪控制。一方面，通过侦查的有效运行及时控制犯罪的蔓延，阻止犯罪嫌疑人继续实施犯罪或逃避刑事追究，实现国家对犯罪行为人的刑罚惩罚权；另一方面，通过高效率与高质量的侦查工作，可以有效预防犯罪和降低犯罪发生的数量。侦查的犯罪控制价值，是将侦查程序运行与社会秩序间的关系进行关联考查的结果，也就是通过侦查程序能够对社会秩序的维护和构型发挥怎样的功效，从而可以认为这一价值实际上是侦查程序的社会价值。

（二）侦查的内在价值

侦查的内在价值是人们据以评价侦查是否具有善的品质的标准，即侦查程序作为一种法律程序本身所蕴含的道德。侦查程序不论是否具备好的结果的能力，只要它本身具备了一些独立的价值标准，则可以认为它具备了一种内在的善。这些价值标准通过具体的价值目标体现。

1. 平等价值。我国《宪法》规定：法律面前人人平等。在法律体系中，个人与国家具有平等的法律主体资格；现代控辩式诉讼模式的构造特征之一，便是赋予犯罪嫌疑人广泛的诉讼权利，体现其诉讼的主体地位。侦查是强大的国家侦查机关对犯罪嫌疑人个人实施国家权力的活动，前者代表着国家暴力，居于强势地位，后者居于弱势地位。侦查的强制性不仅易使犯罪嫌疑人个人的合法权利受到侵害，无法求助于法律规定的救助措施，而且易使侦查机关因缺乏社会监督，导致侦查权的滥用，使犯罪嫌疑人应享有的权利遭到剥夺。因此，为保障侦查机关与犯罪嫌疑人双方在侦查程序中的平等对抗地位，各国刑事诉讼法都规定了犯罪嫌疑人在侦查程序中所享有的各项权利。

2. 正义价值。正义是法律制度所要实现的最高理想和目标，也是人们用来评价和判断一种法律制度是否具有正当根据的价值标准。侦查程序作为刑事诉讼法规定的法定程序，其本身只有符合正义的要求，才能具备正义的内在品质。侦查的正义价值包括实体正义和程序正义。

实体正义是指人们确定实体上的权利、义务和责任时所要遵循的价值标准。侦查的实体正义价值表现在：一般情况下，侦查机关通过准确地适用《刑法》中有关犯罪构成的规定，对构成犯罪，需要追究刑事责任的行为立案，实施侦查行为，在侦查终结后移送检察机关提起公诉，以追究犯罪嫌疑人的刑事责任；对不构成犯罪或不需要追究刑事责任的行为不予立案，不实施侦查行为；或实施侦查行为后，发现不应追究刑事责任或证据不足的，应当撤销案件，以实现《刑法》打击犯罪、保护无罪的目的。

程序正义是指法律程序在具体运作过程中所要实现的价值目标，是一种"过程价值"。侦查的程序正义价值包括侦查公开与权利保障两个方面。侦查公开是指除特殊情况外，侦查过程须向犯罪嫌疑人和社会公开。权利保障是指在侦查过程中，犯罪嫌疑人应享有相应的权利，侦查机关必须为犯罪嫌疑人行使权利提供必要的保障。

3. 秩序价值。秩序是指自然和人类社会的一切事物按一定规律的安排所形成的固定的、有规则的合理关系状态，是人类社会在广泛意义上追寻的一项价值，是人类活动的基本目标。在侦查程序所追求的众多目标中，秩序价值虽不是其核心价值，但秩序作为人类生存、社会发展和阶级统治的基础，是侦查程序最基础的价值。侦查程序中的秩序价值主要体现在以下三个方面：

（1）以文明的侦查秩序恢复遭受破坏的社会秩序。犯罪作为一种特殊的社会现象，造成的直接后果是对社会秩序的破坏。因此，侦查最基本的任务是查明犯罪事实，确定犯罪嫌疑人。同时，还必须对犯罪嫌疑人采取必要的措施，防止其逃避侦查、审判和继续进行犯罪活动。查明案件事实和对犯罪嫌疑人采取强制措施在方式及手段上存在两种不同的途径。一种途径是野蛮的方式，即利用秘密或侵犯犯罪嫌疑人、他人合法权益的手段收集证据。这种野蛮的方式虽然有助于查明案件情况，能有力打击犯罪，但同时又滋长了犯罪，给社会秩序可能带来更严重的损害。另一种途径是侦查机关依法收集证据，对需要采取强制措施的犯罪嫌疑人依照法定的方式适用法定种类的强制措施，收集证据、查明犯罪嫌疑人。这种方式在一定程度上阻止了犯罪嫌疑人继续破坏社会秩序，保障了社会和个人的合法权益，有利于恢复正常的社会秩序，有利于生产力的发展、社会的进步。

（2）以国家强制力恢复统治秩序的威严。犯罪行为具有严重的社会危害性。犯罪分子实施犯罪行为，是对现行法律和统治秩序的蔑视。对犯罪行为进行侦查，发现犯罪证据，确定犯罪嫌疑人，最后将案件移交公诉机关提起公诉，并由审判机关对犯罪行为定罪量刑，实际上是对法律和统治秩序的尊严和权威的回复和重塑过程，而这一过程只有借助国家强制力才能实现。在侦查程序中，国家强制力不但体现在侦查主体是由《刑事诉讼法》明确规定的，而且体现在侦查权的实施是以国家强制力作为后盾的。

（3）以程序性规范建立侦查机关权力运作秩序。侦查机关作为维护法律或统治秩序的司法机关，其本身行为必须是符合秩序的，在权力的行使方面更应如此。因为权力的行使有两种潜在的后果，第一是权力的正常行使有利于保护统治阶级的利益，维护统治秩序；第二是权力的滥用既会侵害公民和社会的整体利益，又会损害统治阶级的整体利益，危及统治秩序。两种结果截然相反。因此，在有国家强制力支持的前提下，作为刑事司法权重要组成部分的侦查权的行使更应慎重。所以，从遵守和维护秩序的角度看，侦查秩序的价值在于建立权力运作秩序，即通过规定侦查主体的权力界限、权力行使方式、程序及侦查主体权力间的制约和协调，使权力运作规范化、制度化、法律化。

4. 效益价值。效益原为经济学上的名词，是指有效产出减去实际投入后的收益，即反映投入与产出的关系。侦查程序运行也毫不例外地反映成本投入的状况。侦查机关在对案件侦查、调查和查获犯罪嫌疑人的过程中，势必要投入相应的人力、物力和财力；犯罪嫌疑人因涉嫌犯罪而被采取强制措施、其请律师等必然也需要一定的成本投入和付出。被害人在侦查程序阶段物质和精神上的损害，也可以视为是一种诉讼的投入。因此，侦查程序的运行实际上也是一个成本投入的过程，这个成本投入的过程势必要追求一定的效益回报。国家投入侦查程序的司法资源是十分有限的，侦查程序如果不能提高侦查效益，侦查机关就不能顺利履行其追诉的职能，大量的刑事案件就可能因为来不及侦查而产生积压。另外，犯罪分子在实施犯罪后，会毁灭、伪造证据，而且随着外在条件的变化，证据可能会消失和变化。如果不及时开展侦查，收集、固定和保全证据，可能导致无法及时破案，严重影响侦查机关在人们心目中的地位和威信。随着侦查期限的拖延，也会严重损害犯罪嫌疑人、被害人及证人的利益。在法院作出判决之前，犯罪嫌疑人的人身自由和涉案财产乃至生命等实体权利均处于待定状态，被害人和证人及其他诉讼参与人的正常生活也会受到影响。

侦查程序的效益价值包括经济效益和社会效益两个方面。经济效益是指取得的经济利益与投入的各种物质资源之差。取得的经济利益通常为挽回的经济损失，如侦查过程中发现的赃款、赃物；投入的各种物质资源包括人力、物力、财力等。侦查的经济效益一般为负数。因为追究犯罪人刑事责任的目的在于保护广大人民群众的利益，恢复被犯罪行为破坏的社会秩序，所以侦查还会带来社会效益，即精神价值。犯罪人实施犯罪行为，会给被害人造成直接损害，也间接地损害了其他社会成员的利益。被害人和其他人迫切要求追究犯罪人的刑事责任，惩罚犯罪行为。对犯罪行为立案侦查，追究犯罪人的刑事责任，能够满足人们的这种需求。侦查过程中对犯罪嫌疑人采取强制措施，可以防止犯罪分子继续危害社会。对社会上可能犯罪的危险分子而言，强制措施的运用还具有威慑作用。

5. 侦查价值间的冲突与协调。

（1）侦查内在价值与外在价值之间的冲突。侦查程序的内在价值和外在价值之间以及内在价值各项价值目标之间在具体的实现过程中，由于价值取向和追求目标的不同，不可避免地会发生冲突。主要表现在以下三个方面：一是公正的侦查程序产生了不公正的结果。例如，侦查人员严格遵守各项程序要求，但无法发现线索，查实案情，使有罪的人逃避法律制裁。二是不公正的侦查程序产生了公正的侦查结果。例如，侦查人员在侦查过程中对犯罪嫌疑人进行刑讯逼供，迫使犯罪嫌疑人交代了自己的罪行，然后再根据犯罪嫌疑人的供述寻找证据，进一步核实证据，使案情得以查明。在这里公正的结果通过非公正的程序产生，侦查程序的内在价值与外在价值之间未能保持一致。三是公正的侦查程序与公正的侦查结果之间没有内在联系。在这种情形下，程序本身尽管符合公正标准，但它在查清案情方面徒具形式，没有任何实际意义。

侦查的内在价值与外在价值之间之所以会产生冲突，不仅是由于一些偶然因素，而且也有侦查程序本身的原因。首先，公正的侦查程序和公正的侦查结果各自有一套独立的价值标准体系，符合程序公正性的侦查程序并不一定具备产生公正结果的能力，这是因为程序的公正性是相对的。人类社会从来就不存在一种绝对公正的侦查模式，侦查模式的公正标准是在克服历史和现实侦查模式的特定的不公正性的基础上制定的。其次，公正的侦查程序更可能产生公正的侦查结果，这是就一般情况且相对于不公正的程序而言的。但在某些情况下，公正的侦查程序本身在客观上就具有产生非正义的侦查结果的可能性。例如，英美国家赋予犯罪嫌疑人沉默权，犯罪嫌疑人对侦查人员的讯问有拒绝回答的权利。侦查人员可能因为犯罪嫌疑人行使沉默权而无法收集到确实充分的证据，犯罪分子得以逃脱法律的惩罚。这种案情无法查实的结果就是不公正的结果。

尽管侦查程序的内在价值与外在价值之间存在矛盾和冲突，但它们之间也具有一致性。为了最大限度地提高侦查程序内外价值的一致性，消除和淡化矛盾，应遵循相关协调原则对内外价值作出必要的调整。

首先，必须坚持兼顾原则。确保侦查程序本身与侦查的结果同时符合正义的要求，这是一种最为理想的侦查模式。兼顾原则要求对侦查程序的内在价值和外在价值给予同等的重视，通过侦查活动的进行，使犯罪嫌疑人受到最低程度的公正对待，确保有罪的人受到追究。只有这样，才能确保公正的要求在整个侦查活动中得到全面、彻底的实现。"轻程序、重结果"实际上否定了程序所应具备的内在价值，将程序仅仅视为附属于结果的工具；而"重程序、轻结果"又把程序的内在价值置于至高无上的地位，忽视了"公正结果"的社会效应。

其次，必须坚持权衡原则。一旦侦查程序本身的公正性与结果的公正性无法兼顾时，为避免片面追求某一方面的价值，侦查人员必须对两种价值进行权衡，以便作出合理的选择。权衡的过程中以"不枉"为首要目的，要严格遵守国际公认的最低限度程序公正标准，并使侦查程序的公正性保持适当的限度。无论是立法者还是侦查人员，都不能为了实现程序公正而不计任何后果和代价，牺牲国家的根本利益和社会的整体利益。

（2）侦查内在价值间的冲突与协调。平等、正义、秩序和效益四种价值目标在一般情况下是一致的。侦查人员遵守法定的侦查程序，在立案后迅速开展侦查活动，查明犯罪事实，依法对犯罪嫌疑人采取强制措施，侦查终结后，将案件移送到检察机关审查起诉，使犯罪嫌疑人受到刑事追诉，被犯罪行为破坏的社会秩序得以恢复，正义得以实现。相反，如果无辜者错误地受到追诉，不仅正义未能实现，司法资源被白白浪费，而且破坏了稳定的社会秩序。但是，四种价值目标之间也会发生冲突，如侦查资源的有限性和对秩序稳定的追求从总体上限制了侦查机关对正义的绝对追求；在正常情况下，侦查程序正义性的增强会直接导致侦查资源的增加，以至于降低侦查活动的经济效益，被犯罪破坏的社会秩序长期不能恢复；对经济效益价值的追求往往会使对正义的要求无法在侦查程序过程和结果中实现，业已破坏的社会秩序同样不能恢复等。

如何协调侦查程序各价值目标之间的关系，最大限度地发挥侦查程序在打击犯罪、保护无辜中的作用，是各国刑事诉讼都面临的问题。各国根据本国政治、经济、法律文化和思想观念的不同，决定本国侦查程序的价值取向。例如，英美法系国家侧重程序的公正性，加强了人权保护，赋予犯罪人较多的对抗侦查机关的权利，对侦查机关的约束较多；而大陆法系国家强调的是打击犯罪，赋予侦查机关较大的权力，犯罪嫌疑人的权利受到相对多的限制。一般情况下，当内在价值之间冲突时，一般应按照兼顾原则和正义、秩序优先原则进行协调。兼顾原则要求在确保侦查过程和侦查结果符合正义要求的同时，还应顾及恢复被犯罪行为破坏的社会秩序和使稳定的社会秩序不至于被破坏，并应当使侦查活动的经济效益得到适当提高，即尽可能以较少的侦查资源破获更多的刑事案件。同时，不能为提高侦查活动的经济效益而不惜以牺牲正义和秩序价值为代价。在对正义、秩序和效益价值进行选择时，应当将正义、秩序作为优先选择和实现的价值目标。只有在正义和秩序得到实现的前提下，才能谈得上提高经济效益。同时，对程序经济价值的追求，也不能妨碍正义目标实现和秩序稳定，否则即为本末倒置。

思考题

1. 谈谈你对侦查权力具有行政性与司法性的看法。

2. 如何理解侦查价值存在的冲突？

3. 侦查可否适用于民事案件？

线上资源链接

第 四 章

侦查主体

重点导引

1. 我国的侦查机构有哪些?

2. 侦查队伍的职能结构是如何划分的?

3. 侦查人员的职权及素质要求。

侦查主体，是指被法律赋予侦查权的机关和个人，即只有相关的侦查机构与侦查人员才享有侦查权，而其他任何组织和人员都无权实施侦查权。放眼世界，各国法律都把侦查权赋予了警察机关和检察机关，我国也同样如此。

第一节　侦查机构

侦查机构是指行使侦查权的具体职能部门，是具体侦查活动的主体，其工作具有极强的专业性和特殊性。

一、我国侦查机构管辖

侦查管辖是指有侦查权的机关因其种类、级别及根据法律规定的刑事案件的特征的不同，所确定的各自直接侦查的权限范围。侦查管辖是侦查主体职能分工的重要依据之一，是保证刑事诉讼活动有效、顺利进行的前提。目前我国的侦查管辖分为：职能管辖、级别管辖、地域管辖、专门管辖、指定管辖和协调管辖。职能管辖是指各侦查机关及其内部各部门，根据各自的职能特点所划分的侦查管辖。级别管辖是根据侦查机关的级别和案件的性质、种类和危害后果而划分的侦查管辖。地域管辖是对同级侦查机关之间的侦查管辖的划分。专门管辖是针对有较为突出的地域特征和行为特征的刑事案件规定的管辖。

（一）公安机关的侦查机构

1. 公安部的侦查机构。公安部的侦查机构主要有国内安全保卫局、经济犯罪侦查局、刑事侦查局、禁毒局。国内安全保卫局主要负责管理和指导全国的危害国家安全等案件的侦查，并直接侦办少数自己管辖的案件。经济犯罪侦查局负责管理和指导全国的经济犯罪案件的侦查，并直接侦办少数自己管辖的案件。刑事侦查局负责管理和指导全国普通刑事案件的侦查，并直接侦办少数自己管辖的案件，设有案件管理与指导、信息情报、技术鉴定、行政管理、科学研究等业务部门和国际刑警中心局。禁毒局负责管理和指导全国的走私、贩卖、运输、制造毒品犯罪案件的侦查。

值得一提的是，根据 2018 年中央《行业公安机关管理体制调整工作方案》，以往接受公安部和行业职能部门双重领导的铁路、交通、森林的公安系统已经调整为直接归属公安部领导；海关缉私公安和民航公安实行双重领导，以公安部领导为主。铁路公安和海关缉私公安实行垂直领导，交通的长江航运和民航的首都机场公安直接归属公安部领导，余下交给地方公安。

2. 省、自治区、直辖市的侦查机构。各省、自治区、直辖市的公安厅（局）的侦查机构主要有：国内安全保卫处、经济犯罪侦查处、刑警总队（刑侦处）、禁毒处。部分公安厅（局）设有刑侦局。省级侦查机构主要管理和指导辖区范围内的侦审工作，并直接侦办少数案件，在业务上受公安部相关部门的指导。

3. 市、县的侦查机构。市、县的侦查机构一般分为国内安全保卫、经济犯罪侦查、刑侦等部门，负责本辖区内案件的侦查。

（二）检察机关的侦查机构

人民检察院主要是在对诉讼活动实行法律监督中发现的司法工作人员利用职权实施的非法拘禁、刑讯逼供、非法搜查等侵犯公民权利、损害司法公正的犯罪案件进行侦查。2018 年《刑事诉讼法》修订后，将检察院原有的针对反贪污贿赂犯罪和渎职犯罪的侦查权转属于监察委，当前检察院主要的侦查机构为刑事执行检察部门，且市级以上的刑事执行检察部门享有本辖区范围内的管辖权。当发生法律规定由检察院侦办的案件时，由设区的市级人民检察院立案侦查。基层人民检察院发现犯罪线索的，应当报设区的市级人民检察院决定立案侦查。设区的市级人民检察院也可以将案件交由基层人民检察院立案侦查，或者由基层人民检察院协助侦查。最高人民检察院、省级人民检察院发现犯罪线索的，可以自行决定立案侦查，也可以将案件交由指定的省级人民检察院、设区的市级人民检察院立案侦查。

（三）国家安全机关的侦查机构

国家安全机关的各级侦查机构的规模和职能，与各级公安机关的政治侦查机构相类似，但国家安全机关的技术侦查力量更强，秘密侦查的措施应用的范围更广泛。

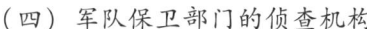

（四）军队保卫部门的侦查机构

军队保卫部门负责军队内部刑事案件的侦查工作。一般在军级以上（不含军级）单位设保卫部，在军级单位设保卫处，师以下单位设保卫科，负责本责任区案件的侦查。

（五）监狱的侦查机构

监狱的侦查机构是侦查在押犯重新犯罪活动的职能机构。目前，司法部监狱管理局设狱侦处负责狱侦工作，各省、自治区、直辖市监管局设狱侦科或侦查科负责狱侦工作，各监狱设狱侦科，监区和分监区设兼职狱侦干事负责狱侦工作。

（六）海警局的侦查机构

中国海警局履行海上维权执法职责，下设东海、北海、南海三个分局及各地方海警总队，对海上发生的刑事案件行使侦查权。

二、我国侦查机构的职责

侦查机构的职责是其根本任务的具体化、法律化。侦查机构各部门明确合理的职责分工，有利于各部门在各自所属的范围内有效地履行职责和行使权力；有利于调动各部门的积极性，提高战斗力；有利于个人创造性、主动性的发挥。

（一）不同层次侦查机构的职责划分

从管理体制的角度，刑侦部门一般划分为决策层、管理层、执行层和操作层。从全国侦查机关的设置看，侦查系统中公安部刑事侦查局是决策层；省公安厅（直辖市公安局、自治区公安厅）刑事侦查处（或局、刑警总队）和地区公安处刑事侦查科（或刑警支队）属于管理层；县（市、区）公安机关的刑警队（或大队）是执行层；省辖市公安机关的刑警大队（或支队），在市县这样一种行政体制下，具有管理层和执行层的双重功能。根据我国刑侦系统的工作特点，刑侦部门没有独立的操作层。操作层的职能根据操作项目的内容，分布在各个层次之中。

1. 决策层。公安部刑事侦查局的职责包括：①依照国家有关法律、法规，起草刑事侦查工作方面的章程、规定、条例、实施细则等，经公安部领导审核发布实施；②调查、汇集、研究、分析全国刑事犯罪的情况、动向和规律，制定全国性的犯罪对策、工作方针、措施和规则，组织经验交流；③掌握全国特大刑事案件的发生、破获情况以及一些其他严重、突出的刑事案件的侦破情况，检查、指导、督促侦查破案工作。必要时派人直接参与和指导某些特大刑事案件的侦破工作；④直接承办上级交办的案件；⑤制定刑事科学技术、器材、装备等方面的规划，根据斗争需要向科学技术部门提出研究课题和要求，组织新技术的引进和推广，指导、装备各级技术中心、技术点；⑥组织跨省较大刑事案件的并案侦查和其他重大刑事侦查活动，发挥调度指挥功能，发布全国性的通缉通报，发挥全国刑事犯罪情报中心的作用，向基层提供信息支援和咨询服务；⑦参与并协助国际刑警组织中国国家中心局的工作。

2. 管理层。省、自治区、直辖市公安厅（局）刑事侦查处（或局、刑警总队），地、市公安局（处）刑警支队的职责包括：①调查、汇集、研究、分析辖区刑事犯罪活动的情况、动向和规律，制定刑事侦查工作计划、规划，总结工作，针对辖区刑事犯罪活动的具体情况制定工作对策和措施；②通过深入实际、调查研究、召开会议、下发文件等方式，对辖区刑事侦查工作进行业务指导，交流工作经验；传达、贯彻公安部或刑侦局在刑侦业务方面的有关指示、通报等；③掌握辖区重大、特大刑事案件的发生、破获情况和其他重大刑事犯罪情况；检查、指导和参与侦破工作；根据有关规定，及时向公安部刑侦局和当地党委、政府报告特大刑事案件的发生、破获情况；④及时组织所属基层单位对发生的严重暴力犯罪、恐怖犯罪以及其他危害严重的特大案件，做出快速反应，果断采取应急措施，防止危害扩大，力争将犯罪制止或破获在预谋之中，尽快缉捕犯罪嫌疑人；⑤派人参与、指导侦破那些情节恶劣、影响很坏的特大案件、恶性程度高案件，或在一地连续发生严重破坏社会治安秩序的刑事案件，其中，针对跨省（市）发生的案件，指定专人组织并案侦查；⑥承办公安部、省政府依法交办的刑事案件；⑦向下发出刑事犯罪情况通报，加强信息交流，开展协同作战，发布全省或地（市）的通缉、通报；⑧组织并开展以加强隐蔽力量为中心的基础业务建设工作，总结经验指导基层；⑨进行刑事统计，完成刑事犯罪和案件及有关数字、报表的汇总工作，及时向上级部门提交刑事统计报告。

3. 执行层。县（市、区）刑警大队的职责包括：①制定基层刑事侦查工作计划，总结工作，深入调查，及时报告刑事犯罪活动情况，结合辖区内刑事犯罪活动的具体情况，认真贯彻落实上级业务部门的工作部署和指示；②总结工作经验、教训，撰写专题报告或典型案例，及时向上级报告刑事犯罪活动中出现的新情况、新特点和新趋势；③负责侦破刑事侦查部门管辖的全部案件，承办上级业务部门交办的案件，认真落实破案工作的岗位责任制；④广泛深入地开展调查和加强隐蔽力量、刑嫌调查控制、堵卡网点、控制流窜犯和阵地控制等方面的基础业务建设；⑤全面、细致地做好刑事犯罪情报资料的收集、整理、登记工作，加强刑事档案建设，结合现实斗争，认真分析、检索刑事犯罪档案资料，为破案提供情报服务；⑥搞好三级技术点建设，不断提高勘查率、痕迹物证采获率和痕迹物证利用率；⑦指导基层派出所对一般刑事案件进行侦破，负责向派出所民警进行侦查业务知识等方面的教育；⑧及时准确地完成刑事统计、调查、整理工作，按时提出各项刑事统计报表和报告。

（二）同一层次的侦查机构内部的职责分工

刑侦部门内部必须按照不同职责和不同工作对象合理地进行分工，以便各司其职地完成同刑事犯罪作斗争的复杂而艰巨的任务。各部门的职责具体划分如下：

1. 秘书部门。秘书部门是综合部门，它可以协助领导发挥刑警机构的控制、指导和服务的功能，是刑侦机构内部之间的一个枢纽环节，具有一定的实战功能。其具体职责是：制定综合性的工作计划，负责刑侦队伍装备的购置规划；管理和建设刑事文书档案，全面完成各项刑事统计和分析工作，为有关方面提供各种刑事数据资料；与有关部门进行工作联系，接待群众来信来访，负责有关会议的筹备组织工作；对辖区内刑事犯罪活动的情况、动向、规律进行调查研究、分析预测，为侦查指挥员的决策提供服务；结合实际工作，组织关于开展刑侦工作方面的学术研究活动和基层刑警的业务培训工作。

2. 技术中队。刑事科学技术工作是刑事侦查工作的重要组成部分，它能够为侦查破案提供方向、线索和证据。具体职责包括：通过对现场勘查和痕迹、物品等检验，为发现、提取痕迹物品，分析研究案情，采取侦查措施，提供技术上的指导和意见；检验、鉴定与犯罪有关的痕迹物品，为侦查破案提供线索和证据；收集、分析、管理刑事科学技术情报工作，向有关部门提供、输送刑事科学技术情报资料；组织经验总结和交流活动，为责任区刑警队培训技术骨干，不断提高刑事科学技术人员的科学技术水平；开展刑事科学技术研究活动，大力引进先进科学技术，推广和运用先进刑事技术和方法，促进刑事科学技术的现代化。

3. 情报中队。犯罪情报工作是刑事侦查基础工作，情报研判部门是刑事侦查系统的信息机构，是刑侦工作重要的业务部门。具体职责包括：收集、分析、储存、管理刑事犯罪情报资料；通过处理情报资料，直接侦破现行案件和积压案件；向上级输送经过初步整理、复核的原始资料，为丰富更高一级情报资料中心的储存内容作出贡献；向作战单位和基层部门提供利用情报资料的指导性意见，发挥情报资料的最大效益；向有关部门提供犯罪情报咨询服务；研究刑事犯罪情报资料系统的开发和应用系统。

4. 刑警中队。刑警中队是刑事侦查系统的基层作战部门，主要任务是破案、办案和搞好刑侦基础工作。具体职责包括：侦查破案、办案；搞好辖区内的基础工作和刑嫌调控工作，建立基层情报信息网络；通过破案，掌握和分析辖区内的刑事案件发展情况及其规律特点，发现防范上的漏洞和问题，给派出所提出防范建议和措施；在刑警支队和大队的统一领导和指挥下，参加一些重大、特大案件的侦破工作。

第二节　侦查队伍

侦查队伍是指构成行使侦查权的人员组成。侦查队伍结构决定着该队伍的质量和功能。一支优良的侦查队伍，应该是适应与犯罪斗争的发展需要，有利于侦查机构内外各有关部门及与侦查工作相关因素相互协调的，能充分发挥侦查机构内各种因素的积极作用的，有利于发挥侦查机构整体最高效能的。

一、侦查队伍的职能结构

侦查队伍的职能结构是指不同性质和类别的侦查人员之间的比例及其相互关系。一般说来，侦查队伍的职类包括：

（一）侦查破案人员

侦查破案人员是指以具体的刑事案件为目标，负责发现犯罪线索，收集犯罪证据，缉捕犯罪嫌疑人的侦查主体人员，是侦查工作的主导力量。

（二）刑事科技人员

刑事科技人员包括两种。一种是刑事科研人员，即从事刑事科学技术研究工作的人员。他们通过科学技术的研究，引进、开发、创造新的刑事科学技术理论和方法，并把所获成果推广应用到侦查工作中；另一种是刑事技术人员，即运用刑事科学技术手段和方法发现、收取、检验和鉴定物证、书证和其他犯罪证据的侦查主体人员。

（三）刑事犯罪情报人员

刑事犯罪情报人员是指专门从事犯罪情报的收集、储存、分析、检索，并为侦查工作提供犯罪信息和线索的人员，包括刑事案件各类相关资料的统计人员、刑事犯罪情报资料计算机系统管理人员、刑事犯罪阵地控制人员和刑事特情管理人员。

（四）刑事调研人员

刑事调研人员是专门从事侦查工作各方面情况的调查、分析和研究的人员。他们的主要任务是把侦查工作中的经验、出现的新问题以及犯罪活动的新情况进行总结和归纳，提交给侦查部门的领导指挥人员，为作出侦查决策提供依据。

（五）刑事管理人员

刑事管理人员是专职从事组织指挥、政治思想工作和后勤服务的侦查主体人员。他们的管理工作对于提高侦查工作的效能，促进、监督和保障侦查工作的顺利进行具有重要的作用。

以上几类侦查人员在侦查机构中应建立一个科学而合适的比例关系。其中，侦查破案人员应不少于2/5，技术和情报人员各占1/5。确立这一比例关系的基本原则是要以侦查破案为中心，加大侦查实战人员的比重，强化刑事技术和情报人员的力量，尽量减少管理人员。

二、侦查队伍的年龄结构

侦查队伍的年龄结构是指在一个侦查队伍内，各类年龄侦查人员的比例构成及侦查队伍的社会年龄构成。侦查队伍的年龄结构关系到侦查队伍的创造力和生命力。侦查人员的年龄与其创造力有密切关系。因为侦查活动是一种复杂的创造性思维活动，侦查人员所具备的知识和经验的丰富程度，记忆力和理解力的强弱程度，以及分析判断能力和精力旺盛程度等都与年龄因素有关。实践证明，侦查工作中侦查人员的最佳年龄期为 25~45 岁。当然，这会因国情、历史条件、岗位要求的不同而不同。如果侦查系统的年龄结构严重老化，侦查队伍青黄不接，高、中级侦查指挥人员年龄偏大，缺乏有文化及实际经验的侦查人员会严重影响队伍的战斗力。

三、侦查队伍的专业结构

侦查队伍的专业结构是指在一个侦查队伍内相关的专业人员的比例构成及其相互关系。当代科学技术的发展日益分化和高度综合，学科、专业划分越来越细，各学科之间互相渗透，纵横交错。为了适应侦查日益复杂化的刑事犯罪的需要，侦查工作需运用多种相关学科的知识。因此，侦查队伍要由具有多种专业知识的人员构成。

从微观方面而言，侦查队伍内所需各种专业人员及其比例关系，主要依据侦查工作的任务和同刑事犯罪斗争的需要。从宏观方面而言，侦查队伍所需各种专业人员及其比例关系，主要是依据侦查工作自身的发展规律和国家治安工作的总目标来进行宏观调控。侦查队伍各专业人员的培养和配备，应照顾全面，加强重点。要重点培养和配备在侦查和技术领域上具有带头作用的专业人员，正确处理基础和应用、常规和尖端、重点和一般、未来与现实等的关系，做到专业配套，结构合理。

四、侦查队伍的管理

侦查人员的成长、侦查队伍的建设，特别是侦查人员及其群体作用的发挥，关键在于管理。侦查队伍管理就是对侦查人才的发现、选配、使用、培养及调整等，以发挥其积极作用。侦查队伍管理是各侦查工作管理的核心，好的队伍管理，能够正确指引侦查工作的方向，合理地安排力量，积极地创造条件，恰当地协调关系，能够充分地发挥侦查人员的积极性，最大限度地调动每个侦查人员的潜能，增强集体的功能，实现打击犯罪的总目标。

（一）侦查队伍的责任管理

侦查部门肩负着打击犯罪、惩罚犯罪、保护公民的人身权利、民主权利、财产权利的重任。各侦查部门的领导应重视对重、特大案件侦查工作的领导指挥，及时组织精干力量，认真研究案情，迅速做出反应，果断展开部署，搞好协同作战。

1. 落实破案责任制。破案责任制是侦查改革的核心，绝大多数案件的侦破任务，要有基层侦查部门来承担。基层侦查部门要根据本辖区的行政区域面积、人口、安全状况等因素，综合考虑、科学规划若干个侦查破案责任区。每个责任区建立一个刑侦队，由其承担责任区内案件的侦破任务。上级侦查部门主要侦查重大案件及基层侦查部门侦破有难度的案件。

2. 提高办案效率和办案质量，实行侦审一体化，即立案、侦查、审讯、提请逮捕、移送起诉一体化。

3. 树立大侦查意识，建立大侦查格局。在侦查破案中要以专业队伍为主体，其他警种参与、配合，各有关部门协同作战，形成上下贯通、快速进攻、总体联合的作战格局。这种格局对于犯罪活动在时间上的突然性、空间上的不确定性、活动上的快速性以及手段上的对抗性的遏制有较强的功效。

4. 科学合理配置警力资源。根据形势和工作的实际需要，进行警力的重新组合与配置，利用现有侦查警力组成侦查破案的最小作战实体，将责任落实到人，防止警力浪费。

5. 积极推广并落实以岗位责任制为核心，责、权、利相结合的激励、竞争、淘汰机制，增强侦查人员的风险意识。

（二）侦查队伍的奖惩管理

1. 侦查队伍的奖惩管理是侦查管理的重要方式。侦查队伍的奖惩管理依据有功必赏和有过必罚的原则，只有赏罚分明、奖惩严明才能鼓励先进和教育后进。在奖惩制度的实施中要坚持精神鼓励与物质鼓励相结合、惩处与教育相结合，以此激励和调动侦查队伍的积极性与创造性。

2. 侦查队伍的考核管理是对侦查人员的综合评价。侦查队伍的考核管理是依据《人民警察法》等有关法律和法规，对侦查人员承担和完成工作的情况，以及在侦查中创造的社会效益进行公正合理的评价，并依据其各项工作表现予以奖励和惩罚的制度。考核的内容包括侦查人员的德、能、勤、绩等方面。

第三节　侦查人员

侦查人员是国家法律授权行使侦查职权的专门力量，是侦查主体的主要力量和重要组成部分。侦查人员的职责是通过对刑事案件的侦破，预防犯罪，收集证据，查明案件事实真相，证实犯罪，查获犯罪嫌疑人并提交审查和审判，从而维护国家安全和社会治安秩序。

一、侦查人员的职权

侦查人员在开展侦查活动的过程中，依法行使以下职权：

1. 依法对刑事案件进行侦查、讯问，对犯罪分子和犯罪嫌疑人执行逮捕、拘留、搜查和其他强制性措施。

2. 因侦查刑事案件的需要，可以依照法律规定的程序对犯罪分子和犯罪嫌疑人采取通信检查和其他技术侦查措施，并按法律规定使用所获得的资料。

3. 对有轻微违法犯罪行为，又不吐露真实姓名、住址和来历不明的人，或者有轻微违法犯罪行为又有逃窜犯罪、结伙犯罪、多次犯罪嫌疑的人，可经过领导机关批准，进行传唤审查。

4. 在执行公务中，遇人拒捕、袭击、抢夺枪支，或发生骚乱、暴乱以及其他暴力行为危害公共安全和破坏社会治安，不听制止的危急情况，可使用武器。

5. 在紧急追捕人犯、抢救公民生命的情况下，可以调用机关、团体、企业、事业单位和公民个人的交通工具和通信工具。

6. 依法查验居民身份证和居民户口登记情况。

二、侦查人员的素质

侦查人员是侦查机构从事各项侦查工作的主体。侦查机构是否能实现其揭露、证实犯罪的任务，关键在于机构内侦查人员本身所具有的素质，具体包括：政治素质、业务素质、身体素质、心理素质和智力素质等。

（一）政治素质

侦查人员的政治素质是以侦查员的政治立场和政治观点为核心的，具体表现在政治立场、道德品质及工作态度等方面：

1. 要有坚定的政治立场。这是侦查人员必须具备的最基本的政治条件。侦查人员长期同形形色色的犯罪分子作斗争，受影响和腐蚀的机会较多。因此，侦查人员必须具备坚定的政治立场，做到不受腐蚀、不犯错误，保持清醒的政治头脑，始终保持忠于党、忠于人民、忠于法律的政治本色。

2. 要有高尚的道德品质。道德是社会用以调整人们之间关系和社会关系的准则，包括社会公德、职业道德、家庭美德。在这里，道德是指侦查人员应当树立的职业道德。良好的职业道德是侦查人员必须具备的道德素质。在侦查工作中常常会接触到道德与人性的边界，时时处处依据法律规范和道德标准约束和衡量侦查行为，把人民利益和国家利益放在首位，吃苦在前，享受在后，清正廉洁，执法如山，是侦查人员良好人性与职业道德的充分体现。

3. 要有严格的组织纪律。纪律是侦查队伍和侦查人员的生命线。《刑事诉讼法》《人民警察职业道德规范》《人民警察法》《人民警察奖惩条例》《公安机关督察条例》明确规定了侦查机构及侦查人员在履行职权时应遵守的规则与纪律，从而对侦查人员形成一种约束力，一切听从指挥，个人服从组织，下级服从上级，执行工作任务时严格依法办事，严格保守国家秘密，养成普遍遵守纪律的良好习惯。

（二）业务素质

侦查人员的业务素质包括科学文化知识、法学知识、侦查专业知识和技能等方面。

侦查人员必须具备较高的文化水平，较强的业务素质，才能实现侦查预防、打击犯罪的目的。

1. 科学文化基础知识。科学文化基础知识是侦查人员必须具备的基础文化知识和修养。科学文化基础知识的内容十分广泛，它既涉及社会科学、自然科学和思维科学等三大门类中的内容，又涉及日常生活知识和科学知识等各个层次中的知识。其中较为常见的学科知识领域有法学、社会学、心理学、语言学、逻辑学、管理学以及数学、物理学、化学、生物学、医学等。

2. 哲学、思维科学知识。哲学是横向知识中最高层次的知识，只有熟悉哲学的基本知识，才能进行哲学思维。由于哲学思维的基本特征是从主体和客体的关系中把握对象，以抽象的方式探求真理，获取关于对象的一般知识，所以，对侦查工作具有绝对的指导意义。哲学作为人类思维的一种高能形态，具有能动的认识事物的普遍性和必然性、形成科学的世界观和方法论、促进理论思维发展的功能。在哲学思维的指导下，全面掌握科学的思维方式和方法，还必须具有思维科学的知识。由于侦查思维是从侦查角度研究思维的，它本质上是思维科学在侦查思维领域中的实际应用，因此，学习掌握侦查思维的知识对侦查工作有更直接和具体的作用。

3. 侦查专业知识。这是侦查主体知识结构的关键所在，主要包括：

（1）侦查业务知识，主要是侦查学和物证技术学方面的知识，如现场勘查、侦查讯问、侦查策略与措施、案件侦查方法、痕迹检验、文件检验、法医学等。

（2）侦查业务基础知识，如侦查运筹、侦查决策、侦查指挥以及侦查逻辑、侦查心理、侦查情报等。

（3）与侦查业务相关的其他专业知识，如警察学、治安学、犯罪学、犯罪心理学、预审学等。

（三）身体素质

身体素质是一个人机体工作能力的总称，健康的体质是侦查人员完成侦破任务，提高思维效率和工作效率不可缺少的重要因素之一，是打击和制服犯罪分子的重要条件。首先，侦查人员应具备强健的体魄。侦查人员身体素质的最低水平是四肢和五官没有缺陷；基本水平是身体健康，无生理和心理疾病，较高水平是具有强健的体魄，以适应侦查一线高强度的工作需要。其次，侦查人员还应有充沛的精力。充沛的精力是敏锐的观察力、想象力、记忆力、思考力和创造力的前提，更是写作能力、反应能力以及社交能力的基础。侦查人员只有保持充沛的精力，才能保证对紧张工作状态的战斗力。对于一些特殊岗位的工作，还需要保证侦查人员五官和身体上不应有明显的特征，以适应秘密侦查工作的开展。

（四）心理素质

侦查工作要求侦查人员思维灵活、反应敏捷、决心坚定、行动果断、观察细致、记忆力持久、联想丰富、自制力强、有韧性和耐心。要具备这些素质，一方面，要求侦查人员必须具备一定的智力水平；另一方面，也需要其他心理品质的建设，如兴趣、情绪、意志、气质、性格等。良好的个性心理品质对成功完成侦查工作任务起着不可忽视的重要作用。不良的个性心理品质，如盲目性、刻板性、焦虑感会大大影响侦查工作。

（五）智力素质

智力是指人们理解、认识客观事物并运用知识和经验解决实际问题能力的总和。侦查工作是一项以智力斗争为主要内容的工作，对侦查人员的智力结构有着特殊要求。

1. 观察能力。观察能力是认识主体通过自身的感官对发生的事件或现象进行有目的、有计划的认识的知觉过程。侦查中的观察活动，是侦查人员对与刑事案件有关的人、事、物及现象的主动知觉。

观察活动是侦查活动的前提，它贯穿于侦查活动的始终。观察能力又是侦查人员获得感性知识、捕捉犯罪嫌疑线索、收集犯罪证据的基本手段。因此，侦查人员首先要培养良好的观察习惯，如养成有目的、有计划、有选择的观察习惯，对与侦查相关的事物有重复观察和反复观察的自觉性；其次，侦查人员要具备良好的观察心理品质，在观察时既深入、细致，又耐心、持久；另外，侦查人员还要有科学的观察方法，如边观察、边分析、边综合。

2. 记忆能力。记忆是人脑对过去所经历过的事物再现的活动。记忆力是人们对获取与适用知识和经验必不可少的能力。记忆是知识和经验的仓库，它为思维活动提供原材料。

由于侦查工作的特殊性，侦查人员的记忆力必须敏捷、准确、持久，即对客观事物快速反应，不歪曲其本来面目，并长期留存在自己的头脑中。侦查人员必须加强专门训练，带着明确的目标，以坚强的毅力掌握科学的记忆方法，锻炼自己的记忆力，培养和发展自己的记忆力。

3. 分析和综合能力。分析和综合能力是认识事物由个别到整体的两个步骤。分析是认识事物时将被认识对象分解为各个部分或各个因素，分别进行观察。综合是把已分析过的事物或因素的各个部分联结成一个整体，找出其相互间的内在联系，从而作出符合事实的认识结论。

分析和综合是认识犯罪的基本方法，分析和综合能力是侦查人员智力结构的核心。侦查人员在分析和综合能力方面要求具有深刻性、广阔性、逻辑性和灵活性。

4. 应变能力。应变能力是指对突然的事件或情况能迅速作出判断，采取随机应变措施的能力。侦查活动是一种动态的对抗活动，对抗的双方都会受到主客观各种因素的影响，使工作出现始料不及的情况或问题，打乱预定的侦查部署和行动方案。此时，侦查人员必须临阵不乱，沉着机智，果断地采取紧急措施。

5. 实战能力。主要体现在侦查人员在侦查工作的开展过程中要能够深入实际，调查研究；要善于联系群众、获取广泛支持；要熟练掌握各类案件的侦破方法，具有独立办事的能力；会多种技能、技巧，掌握制服犯罪分子的方法；会搜集积累业务资料，归纳总结工作经验等。

思考题

1. 面对新时期犯罪的挑战，应如何建设侦查队伍？
2. 如何正确理解我国侦查人员的地位？

线上资源链接

第 五 章

侦查客体

重点导引

1. 刑事案件由哪些要素构成?
2. 犯罪的时空要素对于刑事案件侦查的意义有哪些?

侦查活动所指向的对象即为侦查客体。我国侦查的客体为刑事案件。从侦查学意义来看,刑事案件的结构要素主要有犯罪时间、犯罪空间、犯罪主体、犯罪对象及犯罪行为等五个方面。

第一节　刑事案件

一、刑事案件的概念

刑事案件是指侦查部门对于控制、检举、自首及通过其他途径获得的材料,根据管辖范围进行审查,认为有犯罪事实发生,需要追究刑事责任的案件。刑事案件的根本属性是违反刑事法律的犯罪属性。

二、刑事案件的特点

各类刑事案件由于侵犯的对象不同,存在着一定的差别,但无论差别多么大的案件,也会存在着共性,这就是侦查主体认识刑事案件,分析刑事案件发展规律,采取有效侦查策略的重要依据。

(一) 大多数犯罪都有现场可供勘查

由于任何犯罪行为都必须在一定的时间、空间条件下,与一定的人、事、物相联系。根据物质交换规律,也就必然引起客观外界事物的变化,即犯罪嫌疑人为达到某种犯罪目的,必然会实施一定的犯罪行为,从而遗留下相关的痕迹,形成作案现场。

这些现场有原始现场、变动现场、真实现场、伪造现场等种类之分。有的案件只有一个现场，有的则有多个现场，如杀人碎尸抛尸案件就存在杀人现场、碎尸现场及抛尸现场。但总体而言，多数刑事案件都有现场可供侦查主体进行侦查勘验。

（二）大多数犯罪行为都较为隐蔽

犯罪活动是被社会所不能容忍、被法律严厉打击的活动，因此，犯罪具有手段狡猾、时间秘密、身份不明等特点。犯罪分子要达到作案的最终目的，必须尽可能在乘人不备或毫无察觉的情况下，秘密完成一系列动作，如果在作案过程中的任何一个环节上出了问题，都会给实施犯罪带来麻烦，致使犯罪活动无法进行下去。犯罪分子还要尽可能地把自己的作案时间和地点掩盖起来，企图永远不被人发现，从而掩盖其犯罪活动本身。作案后，犯罪分子为了逃避打击，会对自己的犯罪行为进行掩盖，如制造假象掩盖真相，以合法的身份来掩盖自己的真实目的等。这些都会给侦查主体的侦查行为带来一定的难度，但通过分析研判，犯罪分子的伎俩最终也将被识破。

第二节　刑事案件的构成要素

每一起刑事案件在刑法构成上都具有一定的构成要素。从侦查的角度看，刑事案件的构成要素主要有犯罪时间、犯罪空间、犯罪主体、犯罪对象和犯罪行为等五个要素。

一、犯罪时间

（一）犯罪时间的概念

犯罪时间的概念有广义和狭义之分。广义的犯罪时间是指犯罪分子产生犯罪意图进行犯罪预备活动到实施犯罪直至被缉获归案的一个较长的时间段，包括犯罪预备时间、犯罪实施时间、销赃毁证和逃避打击时间等。狭义的犯罪时间是对侦查工作具有直接作用的、犯罪分子实施犯罪的时间，即犯罪分子在犯罪现场实施犯罪活动的时间。

犯罪时间又可以分为时间点与时间段两种。时间点是指被害人与证人直接感知犯罪行为人的出现及犯罪行为发生及变化的时间。时间点的感知主体是被害人和证人，因为时间点是被害人与证人或知情人对案件发生时的感知，即听到、看到、感到等，因而侦查人员对时间的确定和认识较为真实、客观、直接、准确，它有自身的客观效应。时间段是指侦查人员依据犯罪现场的状态、现象、犯罪可疑痕迹及遗留物来分析、判断的犯罪时间。时间段的认知主体是侦查人员，他与现场的一切是间接关系，他对犯罪时间的定位是一种主观分析判断，而这种分析的依据是现场或具体案情，是侦查人员对客观现场分析得出的带有主观性的结论，而不是事物的本身，其正确与否还要得到实践的证实。

（二）犯罪时间对于刑事案件侦查的意义

根据各种因素判明犯罪时间，尤其是判明犯罪分子在犯罪现场实施犯罪的时间，对刑事案件侦查有着多方面的重要意义。

1. 犯罪时间是任何刑事案件必备的要素之一。任何刑事案件的发生都必然在一定的时间内进行。不管犯罪分子犯罪过程如何短促，行动如何迅速，都需要时间，没有犯罪时间的刑事案件客观上是不存在的。

2. 对犯罪时间的排查有利于确定犯罪嫌疑人。时间是客观存在的，并且具有相对的排除性，即某个人在一定的时间内不可能同时做两种或者多种事，更不可能在同一时间里出现在不同的两个空间。利用犯罪时间排查嫌疑对象一般有三种情形：①通过查证核实，有多个证据确能证明嫌疑对象在犯罪时间段内不在犯罪现场，而在其他地方活动，其犯罪嫌疑则可予以否定；②犯罪嫌疑对象在犯罪时间段内的活动无法证实，或者其在活动时间段内故意编造假情节，或有多人证明嫌疑对象在犯罪时间段内曾出现在犯罪现场及其附近，则嫌疑对象疑点上升，需进一步采取侦查措施；③有多人证实在犯罪时间段内只有嫌疑对象出现在犯罪现场而未发现第二人，则可基本肯定嫌疑对象为犯罪人。

3. 根据犯罪时间的长短有利于刻画犯罪分子。刑事案件侦查中，根据犯罪时间常常可以推断出犯罪分子的居住范围，分析出犯罪分子是本地人，还是外地人以及判断出犯罪分子的知情程度等。

4. 根据犯罪时间可以对犯罪行为存在的合理性进行判断。每一类刑事案件所实施的犯罪行为与完成行为所需要的时间都存在一定的比例关系。如果侦查人员分析、判断的犯罪行为是需要很长时间才能完成的，但实际案件中却只用了较短的时间，那这里就存在矛盾，需要进一步进行分析。

5. 判断犯罪时间有利于采取紧急侦查措施。判明犯罪时间是采取紧急侦查措施的基本前提和可靠依据。尤其是距案件发生时间短，犯罪嫌疑人逃离现场不远时，可采用警犬追踪、步法追踪，或在车站、码头、路口等处设卡堵截，盘查可疑人员，进而发现犯罪嫌疑人，直接破获案件。

（三）犯罪分子对犯罪时间的伪装

由于犯罪时间在排查犯罪嫌疑对象时有肯定犯罪嫌疑或否定犯罪嫌疑的作用，因此犯罪分子总是利用掩盖犯罪时间的方式来逃避打击。掩盖犯罪时间的方法多种多样，主要受制于犯罪分子的性别、年龄、职业、文化知识、社会阅历、性格爱好等因素，常见的方法有：

1. 长途奔袭。长途奔袭是指犯罪分子的日常居住地、工作地与犯罪实施地相距较远，犯罪分子利用现代化交通工具间的时间差，远距离奔波，迅速实施犯罪，整个犯罪过程在较短时间内完成，从而使他人无法察觉。采用此手法掩盖犯罪时间的犯罪分子多利用下班后的时间和节假日休息时间，长途奔袭实施犯罪。

2. 幕后操纵。犯罪人在实施犯罪时不出现在犯罪现场，而是扮演幕后指挥的角色，如雇佣他人实施犯罪或利用他人实施犯罪。

3. 利用物品，推迟犯罪时间。常见的方法有故意撕去现场的日历；在现场故意留下推迟犯罪时间的字条；利用定时装置延时引爆等。

4. 冒名顶替。冒名顶替有两方面的含义：第一是犯罪分子在犯罪时间段内指使他人冒己之名从事某项活动；第二是在实施犯罪时，冒他人之名，以转移侦查视线，嫁祸于人。

5. 出示假证。犯罪分子为了证明自己无犯罪时间，往往故意出示能够证明一定时间的物品，如火车票、汽车票、电影票等，而这些票据上所标明的时间正好是犯罪时间或与犯罪时间接近。

6. 利用他人作伪证。犯罪分子为达到让侦查人员相信自己不具备作案时间的目的，常会利用他人证明自己在作案时间段内正在某处进行另一活动，即在时间上作伪证。为犯罪分子在时间上作伪证的大多是与其有明显密切关系的亲朋好友。

二、犯罪空间

（一）犯罪空间的概念

犯罪空间，也称犯罪地点，是指犯罪分子实施犯罪的处所。犯罪空间是与犯罪时间紧密联系的一个概念，依犯罪时间的先后，犯罪空间亦有预备犯罪的空间、实施犯罪的空间和处理赃物等罪证的空间之分。

犯罪空间依托犯罪行为的存在而存在，如果没有犯罪行为的存在，也不存在犯罪行为的空间；同时，犯罪行为发生、持续及存在之处，也就是犯罪行为的载体及存储包容之处。犯罪空间具有三维性，与犯罪时间一样，也是一个无限延伸的概念，它可以小到一个点，大到一个国家的领土、领海、领空。而且，犯罪空间绝不仅仅是指一个相对固定和静止的点或处所，而是一个运动的、联系的概念，移动的场所、有内在联系的犯罪地点间的位置关系都属于犯罪空间的范畴。

（二）犯罪空间对于刑事案件侦查的意义

1. 犯罪空间是审查嫌疑对象的主要依据之一。一般而言，犯罪分子要侵害一定场所的特定对象，必然要亲临一定的场所。现场的痕迹物品和有关的证人证言证实某一个人曾到过犯罪现场，可在一定程度上证明其有实施犯罪的嫌疑。在特定情况下，某人到过犯罪现场还可直接起到证明其犯罪的作用。如在某单位被盗保险柜上发现留有某人的手印，而此人平常又没有接触此保险柜的可能，那在这起盗窃案中此人的嫌疑就迅速上升。同样，若证实某嫌疑对象从未到过犯罪现场，排除了与他人勾结或雇人犯罪等情形，则可否定其犯罪嫌疑。

2. 犯罪空间是判明案件情况、开展侦查的重要依据。犯罪空间相互之间的联系在一定程度上能反映出案件的某些情况，如不同的犯罪空间之间若存在特定的联系，此犯罪空间遗留有彼犯罪空间丢失的物品，几个犯罪空间有同样的犯罪痕迹或反映出相同的实施犯罪的方式，则可判明是同一个或同一伙犯罪分子实施的犯罪。此外，犯罪空间出现的一些反常现象、遗留的犯罪痕迹或异常物质常常是侦查工作的重要依据和线索。

3. 犯罪空间是推断犯罪分子情况的基本依据。犯罪空间与犯罪时间等要素相结合，常常可以推断犯罪分子是本地人还是外地人、犯罪分子的启程点和落脚点距犯罪空间的距离等。从犯罪空间的环境和内部状况等情况还可以分析犯罪分子对犯罪空间的知情程度，判明是内部人员还是外部人员或是内部人员和外部人员相互勾结实施犯罪等。痕迹物证所处的空间位置也可以反映出犯罪分子的一些情况，如外墙上遗留的足迹则表明嫌疑人可能是翻墙而入，身手较为灵活。

三、犯罪主体

（一）犯罪主体的概念

犯罪主体在不同的诉讼阶段有不同的称呼，侦查阶段称之为犯罪嫌疑人，而在审查起诉和审理判决时则称之为被告人。根据我国《刑法》的有关规定，犯罪主体是指具有刑事责任能力、实施了犯罪行为的自然人或单位。其中，自然人构成了我国犯罪主体的绝大多数。在我国，已满14周岁，了解自己行为的性质、意义和后果，能自觉控制自己行为和对自己行为负责任的人均有可能成为犯罪主体。任何物品、动物、尸体均不能成为犯罪主体。

根据侦查的不同情形，在由事到人的刑事案件的侦查中，犯罪主体是侦查工作所要查找的对象；在由人到事的刑事案件的侦查中，犯罪主体则是侦查工作所要审查的对象。

（二）犯罪主体的组织形态

在侦查实践中，犯罪主体主要有三种基本组织形态：

1. 犯罪集团。所谓犯罪集团是指由3人以上结成的有严密的纪律、明确的目标的犯罪组织形式。犯罪集团的犯罪能量大，内部有严密的组织分工。一些重大的贩毒、走私案件的犯罪组织形式主要是犯罪集团。

2. 犯罪团伙。所谓犯罪团伙是指由3人以上结成的比较松散的犯罪组织。犯罪团伙的成员一般不固定，实施犯罪具有一定的随机性，犯罪能量远不如犯罪集团大，也无强大的经济势力，如盗窃、抢劫的犯罪团伙，带有黑社会性质的犯罪团伙等。犯罪团伙若得不到及时打击，也可能发展为犯罪集团。

3. 单个犯罪人。单个犯罪人是指一个人故意或过失实施犯罪的情形。单人犯罪虽能量较小，但隐蔽性、智能性更强；犯罪人常常发展成为惯犯、累犯。

（三）犯罪主体的客观状态

犯罪主体的客观状态是指刑事案件所反映出来的犯罪人的性别、年龄、身体条件、体貌特征等，这些都是查找犯罪人的客观依据。根据刑事案件的反映，通过侦查人员科学、综合地分析，对犯罪主体客观状态的刻画可以较为接近真实的状态。

（四）犯罪主体的主观状态

犯罪主体的主观状态主要是指刑事案件所反映出来的犯罪人的心理状态及常识、社会经验、职业特征等。注意将其与《刑法》中所表述的主观状态进行区别。犯罪主体的心理状态主要指犯罪行为人的作案动机与目的。犯罪人的作案动机是指驱使犯罪行为人实施作案行为的内在起因。犯罪人的作案目的指犯罪行为人实施作案行为所要达到的后果。犯罪主体的心理状态是犯罪行为人作案时遗留有意识或无意识的、潜在的行为轨迹。分析作案动机与目的是为了找出犯罪行为人作案的因果关系。

四、犯罪对象

犯罪对象是指犯罪分子实施犯罪行为所指向的具体的人或物，是犯罪行为的承受者。犯罪对象不同于犯罪客体，它不是《刑法》所保护而又为犯罪行为所侵犯的、抽象的社会关系，而是这种社会关系的主体或物质表现。

刑事案件侦查中，犯罪对象既有可能是人，即被害人，也有可能是物，即赃物。

（一）被害人

被害人，是指人身或财产受到犯罪损害的人。在刑事诉讼中，被害人陈述是一种诉讼证据。在刑事案件侦查中，被害人提供的情况以及通过调查所获取的被害人的社会关系（如仇怨关系、奸情关系等）、经济收支、活动情况等都是侦查工作的重要线索。在刑事案件侦查中，被害人是侦查工作的重要依靠力量。特别是一些被害人与犯罪分子有过正面接触的案件，被害人可以提供犯罪分子的体貌特征、衣着打扮和方言口音等，有的甚至能够指认出犯罪嫌疑人。但在有些刑事案件中，没有一般意义上的被害人，如贪污、贿赂、走私案或被害人不明显的案件，则需要侦查工作在更深、更广的领域去挖掘线索。

还有一些案件中的被害人陈述也容易受到主、客观因素的影响。从主观方面而言，基于惩罚犯罪的偏激情绪和心态，被害人可能夸大犯罪情节，或者为隐瞒或减轻自己的过错而捏造事实，甚至伪造证据陷害无辜。从客观方面而言，被害人对犯罪行为的感知、记忆可能因心情恐慌、时间久远、环境条件等因素发生错误。因此，在刑事案件侦查中，利用被害人提供的情况时一定要认真地分析，审查其现实表现、与犯罪嫌疑人的关系、陈述的来源及内容等，以免使侦查工作误入歧途。

（二）赃物

赃物是指犯罪分子犯罪非法所得之物。当前多数刑事案件都直接或间接地与经济利益有关联，因此，赃物在刑事案件侦查中的地位和作用不可忽视。

赃物对于侦查工作有着多方面的意义。它既可以反映出犯罪分子实施犯罪的动机和目的，反映犯罪人的需求和兴趣，还可以通过其数量，结合运赃方式和犯罪时间等，推断出实施犯罪的人数。由于赃物持有者多是犯罪分子或与犯罪分子有着直接或间接的联系，控制和发现赃物、通过赃物顺迹追踪犯罪人就成了侦查有赃物的刑事案件的一条基本思路。

尽管犯罪对象并不是所有犯罪必须具备的构成要件，如《刑法》规定的脱逃罪、偷越国（边）境罪就没有犯罪对象，但犯罪分子所侵害的具体的人和物是广泛的，不仅仅只局限于被害人和赃物两个方面。侦查工作应当善于发现和利用犯罪对象为侦查工作服务。

五、犯罪行为

犯罪行为是刑事案件结构要素中最核心的内容。任何犯罪行为都有一定的起因、实施过程以及结果。

（一）犯罪原因

1. 犯罪原因的多层性。犯罪原因是个多层次的范畴。马克思主义犯罪学理论认为，剥削阶级制度和思想是产生犯罪的总根源。在社会主义制度下，尤其是在社会主义初级阶段，犯罪的发生与阶级斗争在一定范畴内的存在，多种经济成分的长期并存，人民日益增长的美好生活需要和不平衡不充分的发展之间的矛盾，以及剥削阶级制度和思想的残余影响有着直接的关联。

就具体犯罪行为的原因分析，既有宏观社会环境因素的影响，包括政治因素、经济因素、文化因素、科技因素等，如正确认识和处理阶级斗争问题有利于抑制犯罪、经济政策失误及管理、监督体制的缺陷易诱发经济领域犯罪、文化领域中消极因素对社会造成污染也会对犯罪起催化作用等；同时，犯罪行为也会受社会微观因素的制约，如家庭环境、学校环境、街区环境、职业环境等，它们分别从不同方面影响着犯罪的发生。

2. 犯罪目的和动机。犯罪目的是指犯罪人实施犯罪行为希望达到的结果，它只存在于直接故意的犯罪中。凡属直接故意犯罪，都是犯罪人基于某一特定目的而实施的。间接故意犯罪和过失犯罪都无犯罪目的。不同类型的刑事案件有着不同的犯罪目的，如盗窃案件中的犯罪目的是非法窃取公私财物，故意杀人案件中的犯罪目的是非法剥夺他人生命。

犯罪动机则是指推动或促使犯罪嫌疑人实施犯罪行为的内心起因。犯罪动机和犯罪目的是密切联系、互相作用的，但又互有区别，不能混为一谈。动机是目的的内在起因。目的是动机的具体指向。例如，在故意杀人案件中，犯罪人犯罪的目的是为了非法剥夺他人生命，但犯罪人的动机有多种多样，有的是报私仇泄愤杀人，有的是为了毁灭罪证、消灭罪迹杀人，有的是图财杀人，有的是婚姻恋爱、家庭纠纷杀人等。又如盗窃案件中，犯罪人都是以非法窃取公私财物为目的，但犯罪的动机却各不相同，有的是由于腐化堕落，有的是为了贪图享受，有的是因为生活困难等。

3. 犯罪动机和目的的侦查意义。犯罪的目的和动机对认定犯罪、审查立案有着各自不同的意义。犯罪的目的是某些犯罪的必备要件，如拐卖人口犯罪（以出卖为目的）。而犯罪动机一般不是犯罪的构成要件，不影响犯罪的性质，只是影响犯罪的社会危害程度，具有量刑参考的意义。

（二）犯罪形态

犯罪形态是指犯罪行为的外部物质表现形式。刑事案件的犯罪形态可谓五花八门，不同的刑事案件有着不同的犯罪形态。犯罪形态包括以下几个方面的内容：

1. 犯罪的预备形态。我国《刑法》第22条第1款规定："为了犯罪，准备工具、制造条件的，是犯罪预备。"刑事案件，不管是未遂还是既遂，大多有预备形态。除了准备犯罪工具，犯罪分子在正式实施犯罪前常常进行下列预备行为：准备犯罪的手段，如学习如何开锁；为实施犯罪而事先进行调查，如踩点、跟踪等；清除实施犯罪的障碍，如事先将被害人家中的狗毒死；引诱、胁迫他人进行犯罪；拟定共同犯罪的计划，进行组织分工等。

2. 犯罪工具。犯罪工具是指犯罪人在实施犯罪过程中破坏犯罪障碍物、侵害犯罪对象等所借助的物。犯罪工具的选择和使用可以集中体现犯罪的手段、方式。

犯罪工具的判定对案件侦查有着多方面的意义，如认定犯罪分子有获取某种工具的条件，有使用某种工具的特殊技能，可能居住在某一特定区域或在某一特定行业工作等。犯罪工具及其痕迹还是刑事案件侦查中并案侦查的主要依据之一，也是搜查、勘验、鉴定、警犬追踪和识别等侦查措施实施的目标和基础。

3. 犯罪侵害形态。不管是对人的侵害，还是对物的侵害，犯罪分子对犯罪对象的侵害形态主要有两种，一种是公开的暴力侵害形态，另一种是秘密的非暴力侵害形态。对犯罪侵害形态的分析是一个综合而又复杂的问题，如对犯罪分子接近犯罪对象的方法，侵害犯罪对象的方法，逃离犯罪现场的方法等，需结合现场情况和被害人陈述、证人证言等全面研究。

4. 犯罪的后续形态。犯罪的后续形态是指犯罪分子对犯罪对象实施了侵害、达到犯罪目的后实施的与其犯罪行为有关的活动，是其犯罪行为的延续，如处置赃物的行为，毁灭证据、与他人订立攻守同盟的行为、刺探侦查工作情况的行为、隐匿逃窜的行为、自首的行为等。对犯罪后续形态的分析、判定是发现侦查线索和缉捕犯罪嫌疑人的基础。

（三）犯罪结果

犯罪结果是指犯罪分子实施犯罪行为的危害结果。犯罪结果既有物质性的，也有精神性的，前者如人身伤亡、财产损失，后者如政治影响、社会影响等。

在刑事案件侦查中，犯罪结果是确定案件级别、实行侦查分级管理的主要依据。刑事案件依据其危害结果分为一般案件、重大案件和特别重大案件。根据案件分级管理的有关规定，它们分别归属于不同级别的侦查机关负责侦查。其中，那些犯罪结果严重的案件，特别是重、特大案件，是刑事案件侦查的主攻目标。

犯罪结果也是认识刑事案件的起点和基础。刑事侦查认识活动的基本特点之一就是逆向性。在刑事案件侦查中，侦查人员首先接触到的往往是犯罪行为的危害结果，如某人被杀、某物被盗等，侦查工作就是要从这些犯罪结果出发，查明犯罪的原因和案件的形成情况，进而查获犯罪嫌疑人。因此，犯罪结果往往是侦查认识活动的起点，对案件性质的认识、对案情的分析以及侦查工作的开展都必须以犯罪结果所反映的客观事实为依据。

思考题

在案件侦查中应如何识别作案时间？

线上资源链接

第 六 章

侦查行为

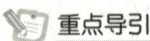 重点导引

1. 什么是侦查行为？
2. 侦查行为有哪些特性？
3. 侦查行为的实施原则有哪些？

第一节　侦查行为概述

侦查行为是侦查权的外在表现形式，侦查权只有以侦查行为的特点方式表现出来，才能发挥应有的强制作用并产生法律效力。因此，侦查行为与侦查法治的实现是紧密相关的，侦查行为只有在法律的规范下实施才能真正实现查明犯罪事实、维护社会稳定的目的。

一、侦查行为的概念

我国《刑事诉讼法》对侦查的概念进行了明确的规定，但并未使用侦查行为这一概念，所以对侦查行为的界定在学界一直有不同的声音。主要有四种观点：第一种观点认为："侦查行为就是收集和审查证据的行为。"第二种观点认为："侦查行为是指侦查机关在办理案件过程中，依照法律规定进行的各种专门调查工作。"第三种观点认为："侦查行为是指侦查人员在办理刑事案件过程中，依据法律而进行的专门调查活动和采取的其他紧急措施。"第四种观点认为："侦查行为是侦查机关为收集、发现证据和保全犯罪嫌疑人而进行的各种专门调查活动和强制措施。"

第一种观点将侦查行为的范围进行了限定，有失偏颇。无论是英美法系国家还是大陆法系国家，都将拘留、逮捕等强制措施作为侦查程序的重要部分进行规定，因此第二种观点将强制措施排除在侦查行为之外也是不合理的。第三种观点把侦查行为界定为专门的调查活动和紧急措施，也是值得商榷的。第四种观点在概念表述上同样存

在较大问题，"保全犯罪嫌疑人"的前提是"发现犯罪嫌疑人"，然而概念中却没有提及。因此，综合上述观点，我们这样定义侦查行为：侦查行为是指侦查机关在办理刑事案件过程中，依照法律实施专门调查工作和采取有关强制性措施的行为。具体可以从以下几个方面进行理解：

（一）实施侦查行为的主体

侦查行为实施的主体只能是侦查机关及其侦查人员。侦查行为只能由具有侦查权主体资格的人在侦查过程中实施，一切非经法律授权的机关、团体和个人，以及侦查机关中没有侦查权主体资格的人员，均不能行使侦查权。

（二）侦查行为实施的对象

侦查行为实施的对象是与侦查有必然联系的刑事案件及其要素，也就是说侦查行为只能是与犯罪相关的人、事、物、时间和地点。与犯罪相关的人，比如犯罪嫌疑人、被害人、证人等；与犯罪相关的事实，如杀人、盗窃、抢劫等犯罪事实，这可能是通过犯罪现场表现出来的；与犯罪相关的物，如犯罪人使用的犯罪工具，犯罪人获得的赃款、赃物，犯罪人遗留在现场的物证等；与犯罪相关的时间，如预备犯罪的时间、实施犯罪的时间、撤离现场的时间等；与犯罪相关的地点，比如原始现场、伪造现场等。同时，在侦查行为实施的过程中，要对实施的对象进行确认，应在具备一定的证据条件和确实的依据的基础上实施侦查行为。例如，根据诉讼证明的一般规律，要证明某犯罪事实是某人所实施，首先应当证明犯罪事实是否存在，是否需要追究刑事责任；其次要证明涉嫌犯罪的人是否具备实施犯罪行为的条件，即要确认犯罪嫌疑人两个方面的证据条件：主观方面的证据和客观方面的证据。

（三）侦查行为实施的目标

实施侦查行为的目标有宏观和微观之分。实施侦查行为的宏观目标是保证整个侦查工作的有效、顺利进行，推进整个刑事案件的及时侦破，达到及时破案、及时捕获犯罪嫌疑人的目的。而微观目标是保证侦查过程中某一具体侦查工作或某一具体侦查环节的顺利进行，推进某一侦查环节或具体侦查工作要达到的目标，以求得整体侦查工作的推进。

（四）侦查行为实施的本质

侦查行为作为侦查活动最基本的因素，是依附于各项侦查措施的，侦查行为通过采取、实施和执行各种侦查方法与措施，以及运用各种侦查方法与措施完成侦查的阶段性目标，进而为实现国家的刑罚权提供保证。侦查过程实际上就是对侦查措施的实施、执行过程，如果没有侦查措施，就不会有侦查行动。因此，侦查行为的最本质的内容应该是侦查措施。

二、侦查行为的性质

（一）侦查行为的认识性

首先，侦查活动是一种寻找性的认识活动，侦查活动的主要任务是认识犯罪嫌疑人、认识犯罪证据以及犯罪嫌疑人实施犯罪的行为。一个现场的物品，有的与案件有关、有的与案件无关，有的能证明人身、有的能证明犯罪工具。侦查活动的实施正是要侦查人员通过侦查手段、方法和措施去寻找、发现直至查明犯罪行为，查获犯罪嫌疑人。因此，侦查行为是从知现象到知本质，从感性认识到理性认识、从量变到质变的过程。

其次，侦查行为是一种回溯性的活动。侦查行为是侦查人员对案件性质和案件证据，以及犯罪嫌疑人逐步认识的过程，犯罪行为的终点往往是侦查行为的起点。因此，依据案件的结果寻求案件源头，对犯罪行为的因果认识就必然是一种回溯性的活动。

侦查行为还是一种证明性的认识活动。侦查的根本目标在于揭示犯罪案件的全部事实真相，而案件事实真相的揭示要借助于证据的支持和证明。这些证据不仅要满足结案的条件，还要满足移送审查起诉的各项条件，并在此基础上可以支撑检察机关的审查起诉过程和法院的审判过程。因此，侦查活动实际上还是一种"证明"的认识活动。

（二）侦查行为的法定性

侦查行为是特定法律制度的衍生物，是由一定的法律制度派生出来，由授权的侦查人员实施的带有强制属性的法律行为。

首先，侦查行为是一种诉讼性的法律行为。侦查是刑事诉讼的重要组成部分，是刑事诉讼程序开展的前提和基础。侦查行为的诉讼性要求侦查活动不仅要顾及准确和客观地查明案件事实真相，而且更应当注重侦查行为的正当性、合法性和公正性。

其次，侦查行为是一种限权性法律行为。基于实施侦查行为的目标以及侦查行为的本质，《刑事诉讼法》对其权力及权力的限制都进行了明确的规范。一方面是授权，赋予侦查机关和侦查人员对特定对象和行为实施侦查行为的权力；另一方面是限权，限定了侦查权的界限和行使方式，规定了侦查机关和侦查人员行使侦查行为时必须遵循和不可逾越的规范。一般而言，规范侦查行为的具体措施和内容有：①侦查行为主体的规范化，即规范侦查行为的掌握者和实施者，使其依法行使侦查权；②侦查行为内容的规范化，即规范各项侦查措施和侦查手段的使用和监督；③侦查程序的规范化，即侦查行为行使程序上的制约；④侦查行为目的的规范化等。

（三）侦查行为的强制性

侦查行为是一种国家权力和意志的体现，是国家权力和意志通过侦查行为实现侦查目的的过程。因此，侦查行为具有无法抗拒的强制性。

首先，侦查行为是一种授权性法律行为。侦查行为是代表国家行使对犯罪的追诉职权，非经法律授权的机关、团体和个人均不得行使侦查权。为使侦查主体顺利完成追诉犯罪的职能，国家赋予侦查主体全面的侦查权，严格禁止非授权的组织和个人行使侦查权。同时，法律还明确规定了侦查行为的种类及其合法性，侦查行为是国家行使追诉权的具体体现。

其次，侦查行为是一种强制性的法律行为。侦查行为的强制性具体体现在侦查行为的实施是以国家强制力为后盾。在侦查活动中，查缉犯罪嫌疑人、收集物证、书证等职权行为都可以借助国家强制力。这集中表现在国家通过法律明确赋予了侦查主体行使强制侦查手段的权力，如搜查、扣押、通缉、逮捕等，必要时甚至可以使用武器。因此，侦查行为本质上具有强制性，这也是侦查行为与民间调查行为相区别的重要标志。

（四）侦查行为的救济性

侦查行为是一种国家公力救济的法律行为，国家以公力救济方式解决个人之间的刑事纠纷，获得维护和稳定统治阶级秩序的目的。

首先，侦查行为是对被侵害人的一种救济。犯罪是对他人合法权利的一种侵犯行为。侦查行为能够在一定程度上满足被害人及其家属要求惩罚犯罪行为人的强烈报复愿望，可以平息或缓和被害人以及社会其他成员的激愤情绪，增进安全感，恢复心理平衡，使受害人及其家属得到心理上和精神上的安抚。

其次，侦查行为是对社会秩序的一种救济。犯罪行为是对社会秩序的严重威胁和破坏行为，侵犯了他人、社会及国家的利益。侦查行为作为一种救济行为，正是通过查明犯罪行为、收集证据、查获犯罪嫌疑人，恢复被犯罪行为破坏的社会秩序，消除犯罪行为对社会秩序带来的负面影响，以达到稳定社会秩序和人心的目的。

第二节 侦查行为的实施原则

（一）合法运用的原则

侦查是一项法律活动，受到法律规范的调节和制约。

1. 侦查行为的运用对象只能是与案件有关的人、事、物。侦查作为刑事诉讼行为，其对象是已经立案、需要侦查的犯罪事件，即刑事案件。某一种行为是否构成犯罪以及构成何种犯罪是我国《刑法》调整的范畴。侦查活动的开展必须以《刑法》规定的犯罪的存在或可能存在为前提。相应的，侦查行为的实施对象只能是与犯罪有关的人、事、物，如被害人、犯罪嫌疑人、犯罪工具、赃物、犯罪嫌疑人线索等。

2. 侦查行为的实施必须遵循《刑事诉讼法》对侦查的程序规定。《刑事诉讼法》

中，对于讯问犯罪嫌疑人、询问证人、勘验和检查搜查、扣押物证和书证及鉴定活动的程序及逮捕、拘留等强制措施的条件、程序、时限等都作了明确的规定。设计上述侦查行为时必须严格遵循《刑事诉讼法》的有关程序规定。实施违反《刑事诉讼法》规定的侦查活动而获取的证明案件事实的有关材料，不能作为证据使用。

3. 侦查行为的实施还需遵循有关侦查职能部门制定的侦查法规。侦查是一项复杂的社会工作，涉及社会生活的各个领域和各个方面，仅有《刑法》和《刑事诉讼法》的原则规定显然是不够的。为此，有关侦查职能部门为了适应各自工作的需要，颁行了大量的法令、条例、规定、细则等，使侦查工作日趋制度化、法律化。例如，公安部就主持制定了《公安机关办理刑事案件程序规定》《刑事现场勘查规则》《关于刑事侦察部门分管的刑事案件及其立案标准和管理制度的规定》等。这些法规是对《刑法》《刑事诉讼法》原则规定的具体化、明确化，对现实的侦查工作具有更加切实可行的规范和指导意义。在侦查行为中必须严格遵循这些法规的规定。

（二）严密部署的原则

侦查行为的实施是一项认识活动，更是一项实践活动。建立在对犯罪情况分析、判断的基础之上的侦查行为要得到有效的实施，还有赖于严密部署，其具体要求是：

1. 侦查部署要有点有面，点、面结合。侦查工作开展之初，由于犯罪情况往往不明确、侦查决策的依据不充分，因而在侦查的设计和部署上强调：在确定的侦查方向和侦查范围内有点有面的开展工作。也就是说，既要制定侦查策略在较大的范围内去发现侦查线索，又要把侦查已发现的转为突出的、明显的线索作为侦查行为的主攻目标，做到点、面结合。如此部署侦查，即使在侦查重点线索和侦查主攻目标的确定方面出现了某些偏差，也不会使整个侦查工作受到重大影响，因为可以通过面上的侦查工作逐步缩小侦查范围，及时调整侦查重心，把侦查工作推向深入。

2. 侦查措施要统一组合，交叉使用。每一项侦查措施都有其特定的功能，也都有其局限性，都不可能是万能的，因此，为了迅速地推进侦查进程，必须使各项侦查行为在一定的侦查情势下合理组合，形成合力。实践证明，在已经确定的侦查范围内实行多层次、多种类的侦查行为组合，只要其中的一种或几种措施发挥了功能，就能迅速发现侦查线索，推进侦查工作发展。

即使是单一的侦查措施的实施也离不开相关的侦查措施的支持和配合，如每一项侦查措施的实施都需要运用正面调查和侧面调查的方法获取有关情况；一些秘密措施的实施也需要运用其他侦查措施掩护或监控犯罪嫌疑人，只运用某一侦查略措施就能侦查终结某一个刑事案件，或者是单靠某一个侦查措施就可以圆满地达到某一侦查目标在客观上都是不可能的。

3. 公开措施和秘密措施要有机配合。侦查措施既有公开的，也有秘密的，其功能和使用的策略方法各不相同，但两者之间联系紧密，互相配合。公开的侦查措施常常

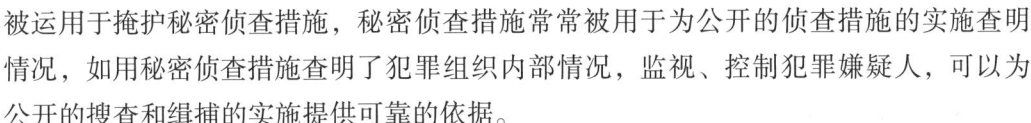

被运用于掩护秘密侦查措施，秘密侦查措施常常被用于为公开的侦查措施的实施查明情况，如用秘密侦查措施查明了犯罪组织内部情况，监视、控制犯罪嫌疑人，可以为公开的搜查和缉捕的实施提供可靠的依据。

（三）优化选择的原则

优化选择的原则是指侦查行为在运筹过程中要根据具体的侦查情势，从客观存在的若干侦查措施中选择花费时间短、侦查代价小、侦查功效大的措施付诸实施。侦查措施之所以要进行优化选择，受制于下列诸多因素：

1. 侦查措施的多样化。由于侦查策略有着广泛的理论渊源和实践基础，侦查中形成了门类齐全的侦查策略措施体系。这些侦查措施从功能上考察，既有调查性的，又有强制性的；从运用形式上分类，既有公开的，又有秘密的；从法律属性上分析，既有《刑事诉讼法》规定的调查取证措施和强制措施，又有相关侦查法律中规定的侦查措施。这些侦查措施多数情况下在侦查中都有其适用性，可以解决案件侦查中的某一个或某一些问题。但是，任何侦查措施的实施都必须具备一定的客观条件，同时，也都有一定的局限性。这样，就必然涉及在具体侦查中对侦查策略措施的取舍问题。

2. 侦查思维的多维性。侦查思维的多维性是指侦查认识活动并不是单向定位的简单思维，而是多方位、多角度的综合性思维。侦查思维的多维性是由刑事案件中因果联系的复杂性决定的。刑事案件因果联系的形式多种多样，既有一因多果，又有一果多因，还有多因多果；既有真实的，又有虚假的；既有直接的，又有间接的；既有必然的，又有偶然的；等等。

因果联系的复杂性要求侦查认识活动不能只沿着一条线路进行，侦查主体在侦查过程中，要不断开拓思维领域，尽可能穷尽各种可能性。在对刑事案件各种可能性的评价中，必然会有所偏重，而由各种可能性派生的侦查策略措施也就自然地需要优选。

3. 侦查工作的及时性。及进破案是对侦查工作的基本要求。由于犯罪大多是物质性的破坏活动，危害大、影响坏，因此，无论是已经实施的犯罪，还是正在预谋的犯罪，一般都应对其予以及时揭露和打击。侦查工作这一目标的实现有赖于在对犯罪情况进行全面和科学分析的基础上采取有效的策略措施。

因此，侦查行为的运用必须充分考虑到其效益，包括侦查行为实施的人力、物力、财力、时间等因素，力求用最少的侦查代价达到最大的侦查效果，使侦查工作尽可能少的出现重复消耗或无谓消耗，从而达到及时揭露、证实犯罪的目的。

（四）因势施策的原则

因势施策的原则是指侦查主体要根据犯罪的具体情况和侦查的基本态势灵活实施侦查行为。任何侦查行为的实施都必须有充分的依据，侦查人员运用侦查行为的主观意图要与客观实际相符合。

1. 侦查行为的设计要知己知彼。知己知彼，是指侦查主体在设计和运用侦查行为时，必须熟悉侦查行为实施主体和实施对象的具体情况，并根据双方的实际情况施计用谋。

侦查行为的实施是一场极其复杂的智力斗争，特别是当行为实施主体面对的是阴险狡诈的犯罪分子时，如何利用自己的有利条件和对方的弱点，采取隐蔽巧妙的策略方法，往往是侦查工作成败的关键。因此，侦查主体在实施侦查行为时，要深入、周密地研究自身和对方的具体情况，尤其是侦查人员和犯罪嫌疑人的对比和相互关系。在分析、判断犯罪情况时，侦查人员应在分析犯罪人的经验、能力和心理倾向的基础上，采用心理换位法设身处地地考虑在一定条件下的犯罪人会如何犯罪以及如何对付侦查，从而使侦查行为的实施建立在知己知彼的基础上。

2. 侦查行为的实施要"敌变我变"。"敌变我变"，是指侦查行为在实施过程中要根据变化的犯罪情况不断进行调整和改变，以适应侦查工作的需要。

客观世界瞬息万变，侦查工作也常常面临着变化。一方面，由于侦查认识活动是一种逆向思维，因而不可避免地带有模糊性和不确定性的特点，侦查的判断和推理也大多是一种或然性的结论，因而，对犯罪情况的分析、判断往往随着侦查工作的推进需要修正。另一方面，犯罪活动是发展变化的，犯罪人往往采用各种方法转移侦查工作的视线，使侦查工作陷入僵局。面对这些不断变化的情况，侦查工作的基本策略要求是及时调整侦查方向和侦查重点，使侦查措施适应变化的犯罪情况和侦查情况。

思考题

1. 如何规范侦查行为？
2. 请你谈谈对诱惑侦查的看法。

线上资源链接

第 七 章

侦查基础

重点导引

1. 各项侦查基础工作所涉及的具体内容。
2. 各项侦查基础工作在侦查实践中的作用。

侦查基础是侦查机关针对侦查破案这一中心目标而开展的长期性、基础性的业务工作，是侦查部门利用日常职能工作，围绕与犯罪有关的人、事、物等情报信息，为侦查破案和预防犯罪创造条件、奠定基础和提供支持的工作，主要包括侦查情报、阵地控制、刑事特情、刑事技术等基础工作。

第一节 侦查情报

一、侦查情报概述

（一）侦查情报的概念

侦查情报是指公安机关刑事侦查部门采用公开与秘密的侦查措施、手段或其他方法获得的有关刑事犯罪的一切线索和情况，以及对其分析研究的成果。

（二）侦查情报的作用

1. 侦查情报能为破案工作提供大量的侦查线索和证据，加快刑事案件的侦破进程，提高侦查工作效率。当前，情报导侦已成为对犯罪实施精准打击和防范的重要保障。案件的侦查需要大量可供分析、决策的情报信息，而侦查情报由于来源渠道多，内容丰富，传递迅速，能够全方位、多角度地服务于侦查破案，大大减少了侦查人员的盲目性和被动性，大大增加了侦查活动的针对性和准确性。

2. 侦查情报在各侦查机关间的流动，是打击流窜犯罪和有组织犯罪的有力手段。当前，各类刑事犯罪活动中，流窜犯罪、有组织犯罪问题日益突出，各地侦查机关协同作战需求迫切。因此，侦查工作必须打破划定的行政区划界限，在侦查机关各部门、各地区之间建立起侦查情报网络和协同作战体系，依据侦查情报发现与缉捕犯罪人。

3. 侦查情报是争取侦查工作主动权，实行先发制敌的一项根本性措施。侦查破案和预防犯罪是侦查工作不可分割的两个部分。侦查机关要掌握同刑事犯罪作斗争的主动权，常常需要通过侦查情报来搜集大量的与犯罪有关的情报资料，并根据掌握的情报资料制定防范控制的规划、措施和具体的行动方案，力图将刑事犯罪消灭或制止在预谋阶段。

4. 侦查情报工作能够为侦查工作提供科学决策。侦查情报可以揭示刑事犯罪活动的规律特点，反映刑事犯罪活动的动向、趋势，从而使侦查机关能够作出科学的决策，有针对性地采取侦查措施、侦查手段和侦查方法，真正掌握侦查工作的主动权。

二、侦查情报工作的主要内容

（一）侦查情报的搜集

侦查情报的搜集是指侦查部门和侦查人员运用各种侦查措施和侦查手段以及其他合法有效的方法，获取各种与犯罪有关的情报资料的过程。侦查情报的搜集是侦查情报部门获取和积累情报资料的一种手段，也是做好情报管理工作的前提和基础。

1. 侦查情报搜集的范围。侦查情报搜集的内容和范围十分广泛，只要是侦查破案和预防犯罪所需要的信息以及与刑事犯罪活动有关的一切事实、现象和其他信息都属于侦查情报搜集的范围。其具体的范围包括：

人员情报资料。人员情报资料包括：已经查获或已经查明的刑事犯罪分子的情况资料；逃跑的服刑人员、未决犯以及受行政处罚的人员情报资料；通缉的案犯以及逃跑后的犯罪分子的情报资料；刑事嫌疑分子的情报资料；流窜犯罪分子的情报资料；犯罪团伙、犯罪集团的情报资料；国外、境外犯罪分子的情报资料；失踪人的情报资料；不知名尸体的情报资料；盲流人员的情报资料；城市流动人口的情报资料。

案件情报资料。案件情报资料包括：各类刑事案件的情报资料；预谋犯罪案件的情报资料；流窜犯罪案件的情报资料；团伙犯罪、集团犯罪案件的情报资料；系列犯罪案件的情报资料；各类未侦破犯罪案件的情报资料等。

物品情报资料。物品情报资料包括：刑事犯罪案件中的各种痕迹物品资料；可能与刑事案件有关的物品资料；各类可疑物品资料；刑事案件中损失的物品资料；样品、样本资料等。

线索情报资料。线索情报资料包括：各种与已经发生的犯罪活动有联系的人、事、物的线索资料；通缉、通报的刑事犯罪线索资料；在阵地控制、侦查破案、预审工作中发现的犯罪线索资料；侦查部门上下级之间、相邻地区侦查部门之间以及友邻单位之间交流的各种犯罪线索情报资料；一定地区和范围的社情、敌情等情报资料；其他与侦查破案和预防犯罪有关的情况、线索等情报资料。

2.侦查情报搜集的方法。由于侦查情报的种类、特性不同，侦查情报对其搜集方法的要求也有所不同。侦查情报搜集的基本方法有侦查情报部门的专业人员搜集和依靠广大侦查人员搜集相结合；侦查部门搜集与其他部门提供相结合；集中搜集与平时工作积累相结合。具体可以通过各种侦查措施和侦查手段进行搜集，如通过调查访问、搜查、辨认、通缉通报、阵地控制等侦查措施和侦查手段搜集侦查情报资料，或利用侦查隐蔽力量和治安耳目搜集侦查情报资料。还可以通过与工商、税务、海关、纪检等部门进行情况交流，搜集有关侦查情报资料；通过有关的报刊、杂志以及其他媒体的信息，搜集有关的社情、敌情等情报资料。

（二）侦查情报的分析

1.侦查情报的分析。对侦查情报进行分析是指对搜集到的侦查情报，根据其来源、搜集的方法和途径及其他加工方法的不同，进行分析、评断，以确定其效用大小和可靠与否的一项专门工作，主要达到以下目的：

（1）确定情报对侦查工作是否有效及效用的大小。一方面，在侦查实践中，往往可以搜集到很多情报，其中难免也会有对侦查工作无作用或对侦查工作具有反作用的情报存在。因此，对侦查情报进行分析，要将情报中的虚假情报、无用情报和过时情报排除，避免其误导侦查方向。

另一方面，由于侦查情报的来源、内容和形式不同，情报的作用各不相同。因此，还需要对有效的侦查情报的效用大小进行评估，以确定每一个情报的价值，为下一步情报的利用提供参考标准。

（2）确定情报的可靠程度。侦查情报是否可靠，直接影响到侦查工作的成败。因此，侦查工作中对情报的利用前提是对侦查情报的可靠性进行分析、判断，通过对侦查情报的分析和鉴别，从情报的来源、搜集方式和其他加工方法入手进行考察和评断，以确定侦查情报的可靠性。

（3）预测侦查情报被利用后的效果，并及时提醒在情报利用过程中可能会出现或应注意的某些问题，将负面影响降到可控范围内。

2.侦查情报分析的途径。

（1）从侦查情报运动的各个环节入手进行分析。侦查情报的运动过程包括情报的来源、搜集、储存、检索等工作环节，而在这些环节中，影响侦查情报有效性和可靠性的因素众多。因此，应通过对侦查情报的分析，确定侦查情报的可靠性和有效性。具体可以从情报的来源、情报的搜集过程、情报的储存和检索过程入手进行分析。

（2）从侦查情报和其他情报之间，侦查情报与案情之间的关系入手进行分析，相互印证。通过考察侦查情报与侦查情报之间，侦查情报与案情之间的吻合程度，情报在案件侦查中的地位和作用，来判明侦查情报的有效性和可靠性。

（3）通过使用侦查情报进行分析。这是一种特殊的分析途径。一般针对那些在分析阶段无法确定其有效性和可靠性，但它又与侦查工作具有一定关联的侦查情报，才有必要将其放在侦查破案的过程中，边使用边分析其有效性和可靠性。

（三）侦查情报的储存

侦查情报的储存是指将搜集到的侦查情报按照一定的方法和规则进行分类、整理，形成有序的档案，以备应用的一项专门工作。

侦查情报储存的内容包括：犯罪分子基本情况储存；指纹储存；犯罪分子外貌特征储存；犯罪手段与方法储存；案件痕迹物品储存；有关人员提供的线索、情况储存；样品、样本资料储存。

侦查情报储存的方式有文字储存、图像储存、音像储存、实物储存、痕迹的复制品储存。侦查情报资料储存的方法主要有手工储存和计算机储存，其中以计算机储存为主。

计算机储存是针对侦查情报工作量大、专业技术性强的要求而采取的有效的储存方法。利用计算机储存侦查情报资料具有储存容量大、信息处理功能强、检索速度快、便于信息管理以及实现信息资源共享等优越性，特别是在串并案件的过程中，发挥了极大的作用。运用计算机储存侦查情报资料的方法一般是：首先，由计算机程序员根据情报资料的规范要求，确定所储存信息的数据结构、软件功能，使用一定的系统编制软件进行应用程序设计；其次，由计算机操作人员在终端设备上根据程序运行要求，输入信息；最后，对已存入计算机系统内的情报资料，通过计算机服务子程序实现对情报资料准确性的校验，并通过建立相应的索引文件，提高检索速度。

（四）侦查情报的传递

侦查情报的传递是指情报传递者借助共同的符号系统和信号，通过一定的载体或媒介把情报传递给情报接收者的过程。一切侦查情报只有通过传递，才能实现其实用价值。在侦查中，从搜集各种侦查线索、制定侦查对策到采取侦查措施，无不依赖情报传递的各个过程。侦查情报的传递方式有人力传递、书面传递、电信传递、信号传递、胶片传递、实物传递和视听资料传递等。在传递的过程中务必要做到迅速、准确、安全、保密。

（五）侦查情报的检索

侦查情报的检索是指根据侦查工作的需要，通过检索语言和检索指令，在大量的储存情报中，查找出符合提问特征的侦查情报资料的过程。侦查情报检索是一项专业性极强的工作，一般都需要专业技术人员进行。随着信息化技术的发展，计算机检索也成为主要的情报检索方式。

侦查情报的计算机检索是将计算机技术运用于侦查情报资料领域的一种检索方法。计算机在侦查情报检索中的运用过程是：当用户要求查询某一情报时，由情报人员

（操作人员）根据用户所提供的条件，借助分类表、主题词表等工具，编写出检索式，然后将其输入计算机，计算机则按照检索式，在储存的情报资料库中进行自动搜寻和比对，找出符合检索式的全部情报资料，最后通过打字机或屏幕显示出来。

（六）侦查情报的利用

侦查情报的利用是指各种侦查情报作为线索和依据在侦查破案和预防犯罪过程中充分发挥效能的过程，是侦查情报工作的目的和归宿，是侦查情报实现其价值的过程。侦查情报的利用范围包括分析、判断案情，制定侦查计划，确定侦查方向和侦查范围，发现嫌疑线索，获取有关痕迹物证，查明犯罪事实和犯罪人以及制定预防犯罪的规划，组织预防犯罪的网络，实施预防犯罪等。

利用侦查情报的主要方式有以下几种：

1. "从人到案"。例如，在阵地控制、个案侦查中发现了犯罪嫌疑人，为了确定其与案件的关系，可以将其体貌特征、指印、鞋印、作案手段特点以及携带的可疑物品等作为查询信息，运用犯罪情报系统，查询案件情报资料，侦破积案。

2. "从案到人"。案件发生以后，通过现场勘查，获取案犯的体貌特征、指印、鞋印、作案工具以及作案手段特点等案件的情报信息，并以此为查询信息，运用犯罪情报系统，查询人员情报资料，排查和认定犯罪嫌疑人。

3. "从案到案"。案件发生以后，通过现场勘查，获取了案犯的体貌特征、指印、鞋印、作案工具以及作案手段特点等案件的情报信息，运用犯罪情报系统，查询案件情报资料，发现并案线索，串并案件，实施并案侦查。

第二节 阵地控制

一、阵地控制概述

（一）阵地控制的概念

阵地控制是指侦查部门采用公开和秘密的手段，掌握、控制犯罪嫌疑人经常活动的地区、场所和行业，以便防控犯罪和及时发现线索、侦查破案的一项专门侦查基础工作。

（二）阵地控制的作用

1. 及时发现侦查线索，提高破案率。阵地控制所涉及的地区、场所和行业，不仅可能是刑事犯罪分子实施犯罪后逃离藏身的地方，也可能是其销赃挥霍享乐的场所。对这些地区、场所和行业进行阵地控制，实际就控制了犯罪嫌疑人实施犯罪后活动的若干关键环节。通过阵地控制，侦查机关可以根据其体貌特征、损失财物特征和系列性案件的规律特点，发现其作案后逃跑、落脚藏身、销赃的线索，从而及时破案。

2. 获取情报，为侦查决策提供依据。阵地控制的范围一般都是犯罪活动较为突出的地区，是犯罪嫌疑人经常涉足的地方，能够反映出犯罪活动的动态和发展趋势。通过对这些地区进行阵地控制，可以获取各种与刑事犯罪活动有关的情报资料，为侦查机关研究犯罪活动的动向和变化规律、预测一个地区及一个时期的犯罪发展趋势，以及制定防范和打击犯罪活动的对策提供依据。

3. 及时发现犯罪活动，查缉犯罪嫌疑人。阵地控制的目的是要在犯罪分子经常活动的地区、场所和行业形成控制网络，只要犯罪分子进入到控制阵地里，就落入了侦查监控之中。这样，侦查人员就可以及时发现并控制其现行犯罪活动，使侦查部门掌握侦查工作的主动权，防止和减少危害的发生。

4. 强化侦查协作。随着经济全球化进程的加快，人、财、物流动范围也在不断扩大，在刑事犯罪领域，流窜作案、异地销赃的现象越来越突出。为了打击跨区域犯罪，就必须加强侦查协作，发挥侦查机关的整体作战能力。通过阵地控制，就可以加强国际之间、地区之间、不同系统之间堵截、查获赃款、赃物和查控犯罪嫌疑人方面的侦查协作。

二、阵地控制的范围

阵地控制范围的确定必须从有利于完成侦破任务和发现犯罪嫌疑人线索出发。因此，在侦查实践中必须考虑以下几个方面：首先，需要控制的地区、场所和行业必须是情况较为复杂，容易被犯罪分子利用的区域；其次，需要控制的地区、场所和行业要适应社会经济生活的发展；最后，刑事阵地的确定，要充分考虑控制的力量和方法，优先考虑控制重点地区和场所，并创造条件，逐步扩大控制的范围。侦查实践中，侦查阵地控制的范围通常包括以下几方面：

（一）与交通运输有关的区域

这主要包括火车站、汽车站、客运和货运码头、航空港、汽车收费站等重要的交通地点，还包括公共电、汽车、出租汽车以及其他的交通工具。这些都是犯罪分子逃跑、转移赃物以及进行扒窃、诈骗、寻衅滋事、抢劫等犯罪活动经常涉足的场所。

（二）特种行业

这主要包括旅店业、印铸刻字业、废旧物品收购业、修理业。旅店业主要是指宾馆、酒楼、招待所、茶楼等；印铸刻字业是指印刷、复印、晒图、翻拍复制等；废旧物品收购业是指旧物市场、古玩店、寄卖典当行、废旧收购点等；修理业是指机动车、非机动车的修理点，钟表、照相机、家用电器、钥匙的修理点等。这些是犯罪分子经常用于落脚藏身、处理赃物的地方，有的也是犯罪分子经常利用或为其作案作准备的行业。

（三）复杂地区和场所

这主要包括城镇繁华的商业区、游览区、公共娱乐场所、大型商场、集贸市场等。这些复杂地区和场所是犯罪分子经常伺机作案、挥霍享乐、销售赃物以及隐匿藏身的地方。

三、侦查阵地控制的基本方法

因控制的地区、场所和行业的特点不同，阵地控制的实施方法也各不相同。侦查实践中，侦查的阵地控制的方法主要有以下几种：

（一）依靠专门的侦查力量进行阵地控制

侦查部门的专门力量是进行阵地控制的主导力量。在犯罪活动频繁，对社会治安影响重大的场所，侦查机关要组建专门的队伍来部署、落实、协调侦查阵地控制手段的实施。例如，侦查实践中，对于车站、码头、机场等场所，大多是由地方、铁路、交通等公安机关与车站、码头、机场的派出所建立地方和行业的联防协作机制，做好控制工作；对于公共电、汽车等交通工具以及大型商场和集贸市场等场所，侦查部门应建立专门的反扒队伍，组织侦查人员跟车进行控制，以抓获现行犯。

（二）依靠隐蔽力量进行阵地控制

侦查机关通过隐蔽力量对刑事阵地进行控制主要是通过刑事特情的控制来实现的。在侦查实践中，侦查机关将刑事特情部署在有关的刑事阵地上，利用刑事特情具有发现和接近犯罪分子的条件和能力优势，对车站、码头、机场等交通工具和特种行业及复杂地区和场所进行刑事阵地控制，发现、收集犯罪线索和犯罪证据，获取犯罪情报。

（三）依靠相关部门公开的行政管理和行业职工进行控制

侦查部门在阵地控制中，应依靠公安、工商、税务、城管、卫生、海关、边检等部门的公开行政管理活动来实现阵地控制的目的。在日常的行政管理工作中，相关部门应加强对相关薄弱环节的控制，注意在日常的工作中发现犯罪线索，积极配合侦查部门打击刑事犯罪活动。同时，侦查部门应经常对相关部门和行业的职工进行法制教育和安全防范教育，给他们传授识别真假证件、赃物和犯罪嫌疑人的有关知识以及应付、麻痹和滞留犯罪嫌疑人的方法，以提高他们识别和发现犯罪线索的能力，利用其工作的便利，更好地在阵地控制中发挥作用。

（四）利用技术防范对侦查阵地进行控制

使用技术手段控制，就是对与侦查阵地控制相关的场所和地区及要害部位安装自动报警装置、探测器、电子监控设备等进行控制，如车站、码头、机场等场所的出入口；陈列重要历史文物的博物馆、展览馆；大型的商场以及其他需要和可能安装技术防范设施的场所和部位等。随着社会的不断发展和进步，刑事犯罪活动的手段和方法也在不断地发生变化，这就给刑事阵地控制提出了新的要求。技术防范可以弥补人们感觉器官直接感知能力的不足，并且技术防范的信息传递较快，能够保证刑事阵地控制工作的有效性。

（五）组织治安联防控制

组织治安联防控制，就是侦查部门在有关部门的配合下，组织治安积极分子、离退休人员，建立不同形式的治安联防队，采取分片、分段包干落实责任的方法，维护公共秩序，发现现行犯罪活动和其他可疑情况，及时报告公安机关。这种方法主要适用于车站、码头的广场，案件多发地段的居民住宅区，以及居住人员复杂的城郊结合部。

第三节　刑事特情

一、刑事特情概述

（一）刑事特情的概念

刑事特情是指侦查机关领导和指挥的，用于侦查刑事案件，搜集犯罪情报，发现和控制犯罪活动的隐蔽力量。刑事特情是刑事侦查机关建立和使用的一支执行特殊任务的情报人员，受侦查机关的领导、指挥，协助侦查机关进行侦查，但不具有侦查人员的身份。

（二）刑事特情选建的条件

公安部颁发的《刑事特情工作细则》第9条规定："刑事特情应当具有能够发现和接近犯罪分子，有一定的活动能力，并愿意为我工作的条件，或具有为我控制使用的条件。"因此，作为侦查机关与违法犯罪作斗争的隐蔽力量，刑事特情的选建并不是随意的，而应符合以下三个基本条件：

1. 能够发现和接近犯罪分子。这一条件又被称为接敌条件，这是刑事特情的首要条件。这是由建立刑事特情的目的和任务决定的。能够发现犯罪分子是指特情熟悉犯罪活动规律特点、犯罪手段方法，掌握了发现和识别犯罪分子的要领和方法；能够接近犯罪分子是指特情具有贴靠犯罪分子或打入犯罪集团、犯罪团伙内部开展调查的能力。建立、使用特情的目的是发现犯罪分子，进而控制、侦查犯罪分子的活动情况，获得犯罪情报，证实和揭露犯罪，如做不到这一点就失去了建立特情的意义。

2. 具备一定的活动能力。具备一定的活动能力是特情能否胜任工作的重要条件，主要包括对犯罪分子、犯罪活动有识别能力；有左右、控制犯罪分子的能力；随机应变的能力；善于交往的能力等。如果特情活动能力低下，不能主动向犯罪分子进攻，积极开辟情报来源，就难以完成工作任务。

3. 愿意为侦查机关工作或能为侦查机关控制使用。"愿意"是指刑事特情从内心意愿出发，愿意积极主动为侦查机关打击犯罪出力。尽管刑事特情在为侦查机关工作的过程当中要付出一定的代价，冒一定的风险，但有些基于同犯罪作斗争的积极性和主动性，有些在侦查人员的教育和帮助下，真心实意地加入到侦查机关同犯罪作斗争的行列。但是有的选建对象对于当特情的动机可能不纯，可能是出于侦查破案的好奇，也有可能是出于私利有求于公安机关，因此，侦查机关必须摸清楚选建对象的动机，让其能真正地为侦查机关工作。

"能够为侦查机关控制使用"是指选建的刑事特情有"把柄"为侦查机关掌握，被迫为侦查机关工作。在犯罪嫌疑人中选建的刑事特情大多是这种情况。对这类刑事特情的使用，侦查机关必须要有控制的把握和严密的监控措施。

二、刑事特情工作的基本原则

刑事特情工作的基本原则是由特情工作的特点所决定的，它是刑事特情工作必须遵守的基本准则，贯穿于刑事特情工作的全过程。刑事特情工作是一项政策性和斗争性极强的工作，如果使用不当，就可能给侦查带来严重的后果，因此，在开展刑事特情工作的过程中，必须遵守以下基本原则：

（一）需要与可能的原则

需要与可能的原则是刑事特情工作总的指导原则。"需要"是指非使用特情就无法完成侦查工作的任务时就产生了这种需要；"可能"是指开展特情工作的主、客观条件均已具备现实的可能性。主观条件是指领导特情的侦查人员的素质、经验、数量以及指挥才能；客观条件是指选建的特情是否符合条件、有无接敌能力、能否为我工作等。在特情建设中，一直存在着需要与可能的矛盾，一方面，从当前打击犯罪的形式出发，需要大力发展特情；另一方面，侦查部门在人员素质、经验和资金方面都存在着严重不足，又使特情工作的开展受到严重的制约。因此，侦查机关在刑事特情建设中，在弄清主、客观条件基础上，从实际出发，根据需要与可能的原则，积极稳妥地开展刑事特情工作。

（二）积极慎重、隐蔽精干的原则

积极慎重是指在刑事特情工作中，既要提高对刑事特情工作重要性的认识，解除观念上的束缚，大胆放手地建立和使用刑事特情。同时，侦查机关在刑事特情的建设上又要严格遵守法律和政策，谨慎认真地进行调查研究，注意掌握刑事特情的质量，提高刑事特情工作的实际效率。

隐蔽精干的原则是指对已被发展为刑事特情的人员，一方面，要求他们有合适的掩护身份或掩护方式，以免暴露身份；另一方面，要求刑事特情应当精明强干，遇事沉着冷静，机敏果敢，具有极强的随机应变能力和适应复杂情况的能力。

（三）绝对保密的原则

绝对保密原则是保障刑事特情工作顺利开展的前提和基础。一方面，对侦查人员而言，这一原则要求侦查人员对于特情的选择、吸收、领导、教育、使用、保护以及特情工作的部署、规划、经验总结、情况报告和刑事特情的据点建立、档案资料管理等都要注意绝对保密。另一方面，保密原则要求刑事特情人员在汇报、通讯联络工作中严格遵守有关的保密规定。

（四）统一规划，合理布建的原则

统一规划原则是指侦查机关在刑事特情的发展上要根据刑事犯罪活动的规律、特点，结合本地区、本部门的实际情况，有计划、有目的地开展刑事特情工作。统一规划要求刑事特情的领导部门和领导者在深入调查研究的基础上，进行统筹安排，制定出一定时期内刑事特情工作的发展规划和目标，并采取切实可行的有效方案具体进行落实。

合理布建是指侦查机关以刑事犯罪活动的特点为依据，有效地调动各类刑事特情的作用，使其形成发现和控制刑事犯罪活动的网络。合理布建原则要求侦查机关对刑事特情网络的建设要达到发现犯罪线索和证据、搜集犯罪情报、控制犯罪阵地的目的，并根据本地区犯罪活动的规律、特点，分析、研究侦查控制工作的薄弱环节，及时发现漏洞和失控的地区、场所，调整刑事特情的布建网络。

第四节　侦查技术

随着科学技术的空前发展，犯罪手段也日益变得科技化、专业化、现代化，各种反侦查手段被科技手段武装后变得更具隐蔽性，导致了发现线索难、取证难、案件突破难等棘手问题。为取得侦查过程中的主动权，侦查机关必须不断促进侦查手段的科技化，引进自然科学的最新成果，不断拓宽、提升侦查技术的范围和精度，实现"科技强警、科技强侦"，为侦查破案服务。

一、侦查技术概述

（一）侦查技术的概念

侦查技术是指在侦查活动中运用各种现代科学技术为侦查破案和预防犯罪服务的各种科学技术的总称。侦查技术是侦查破案的前提和基础，提高和强化侦查技术是传统侦查迈向现代侦查的关键。

（二）侦查技术的分类

侦查技术按其功能性质分为鉴定型技术和侦查型技术。

1. 鉴定型技术。鉴定型技术是指对与案件有关的客体进行鉴定而采用的技术，可分为物证鉴定技术与法医鉴定技术两大类。

（1）物证鉴定技术。这是一类利用物证技术学学科专业知识对某些专门性问题进行鉴定的技术，其鉴定对象通常是手印、足迹、工具痕迹、枪弹痕迹、文件、各种微量化学物证与生物物证、视听资料及电子证据等。这类鉴定技术解决的主要问题是同一认定问题、种属认定问题和真伪认定等问题。

（2）法医鉴定技术。这是一类利用法医学学科专业知识进行鉴定的技术，其鉴定对象通常是死因不明的尸体、身份不明的尸体和碎尸尸块、不同原因造成的受伤活体，以及来自人体的各种物质。这类鉴定型技术解决的主要问题是死因、伤情、个体识别，以及人体物证的种属认定和同一认定问题。

2. 侦查型技术。侦查型技术是指实施各种侦查而采用的技术。可以分为以下几类：

（1）通讯指挥技术。通讯指挥技术是侦查机关通过建立侦查指挥中心，采用网络数字视听技术，实现案件侦查远程指挥的功能，有利于高效、便捷地开展侦查工作。现各大公安局及分局都设立了指挥中心，用于命令的发布及重大案件的作战指挥。

（2）现场勘查技术。现场勘查技术是指在刑事案件发生后，侦查机关为了查明犯罪事实、收集犯罪证据、发现犯罪线索，对与犯罪有关的场所、物品、人身和尸体等进行勘验、检查，对被害人、事主和其他知情人进行调查询问的一项侦查技术。

（3）刑事图像技术。它包括刑事照相、刑事录像和刑事图像处理等技术。

（4）技侦技术。我国《国家安全法》和《人民警察法》明确规定了技术侦查措施，主要包括侦听、电话监听、电子监控、秘密拍照或录像等。现代世界各国的侦查机关，为了侦查犯罪，有条件地使用电子装置听取他人的谈话，在通信线路上安装机械装置截获通话的内容，利用电子设备对特定人、物或场所进行监视，以及秘密拍照或录像等技术侦查手段对付犯罪。

（5）测谎技术。测谎技术也被称为犯罪心理测试技术，是专门技术人员按照一定的规则，运用测谎仪器设备，记录测谎对象在回答其所设置的问题的过程中某些生理参量的变化，并通过分析测谎仪器设备所记录的图谱，对被测谎对象在回答有关问题时是否说谎作出判断的活动。

（6）警犬技术。警犬技术是指通过对警犬的培养训练，并在科学的组织下使其在侦查破案和安全防范上发挥作用的应用技术。警犬技术包括运用警犬进行追踪、鉴别、搜索、巡逻、护卫、救援等。

二、侦查技术的作用

（一）为立案提供依据

侦查人员运用物证鉴定技术和法医技术对现场进行勘查，同时结合现场访问的材料，确定死者的死亡原因，判断死亡性质是自杀、他杀还是意外事故，确定事件现场是伪造还是真实的现场，对时间进行定性，为侦查立案提供依据。

（二）分析、判断案情，为部署侦查计划和实施侦查活动提供科学依据

侦查人员通过侦查技术手段客观、准确记录、固定犯罪现场，为侦查工作提供第一手资料，为反复分析、研究案情提供依据；通过侦查技术对现场和痕迹物证的分析，确定是何人作案，案犯的职业、人身形象以及可能具备的条件，从而确定侦查方向和侦查范围，为摸底排队提供依据。

（三）为破案提供依据

在勘验、检查、搜查等活动中，侦查人员利用各种侦查技术，广泛搜集与犯罪有关的痕迹物证，为检验鉴定痕迹与长期保管痕迹提供可靠的措施。在现场勘查中，多波段光源、红外、紫外摄像系统的运用，极大地扩展了侦查人员的视野，大大提高了现场的采证率；在鉴定中，大型比对显微镜的运用、DNA 分析技术的运用大大增强了侦查人员获取犯罪信息的能力与证实犯罪的能力。

（四）采用技术手段串并案件，查缉案犯

侦查实践中，跨地区及连续作案的违法犯罪活动日益增多，通过对现场遗留下来的痕迹物证进行比对，如不同案件现场的手印、足迹、工具痕迹、枪弹痕迹等，通过认定其造痕体均为同一客体，如同一枚手指、同一个工具，就可以将这些案件串并起来，实施并案侦查；通过插队各种痕迹档案，也可以为串并案件提供依据。

（五）为侦查工作提供支撑

随着金盾工程的启用，情报导侦、信息化侦查深入侦查实践。侦查人员把搜集到的犯罪情报资料录入综合犯罪信息系统，实现基础工作档案管理电子化，达到信息共享，使破案由费时费力的摸底排查变成主要靠信息查询、资料比对，由人工操作变成主要靠科技、靠计算机网络提供快捷、明确、便利的服务；在阵地控制中，把最先进的探测仪器、电子监控系统、人脸识别系统和报警系统运用于全天候的探测、识别和报警，及时发现犯罪，这些都需要侦查技术提供支撑。

思考题

请谈谈你对大数据时代情报导侦的看法。

线上资源链接

第八章

侦查的基本原则

重点导引

侦查中如何践行各项基本原则？

侦查原则是侦查立法、侦查行为所应遵循的基本准则和要求，侦查原则受制于法律原则并对法律原则的贯彻执行具有具体化的意义。侦查原则是法律原则的一种特定形态，是法律原则在侦查范畴中的特定表现方式，是作为侦查规则的本源、基础和依据的一般性准则。侦查原则贯穿了侦查活动的始终，对侦查活动的全过程具有普遍指导意义。

第一节　依靠群众的原则

侦查工作作为权力机关的专门工作，必须与群众工作相结合，这是党的群众路线在侦查中的具体体现，也是我国侦查工作的历史经验的总结和优良传统。在刑事案件的侦查中，"警力有限、民力无穷"已成为现代警界的共识。重视改善和密切警民关系，坚持专门工作和群众工作相结合，既是为了保证群众路线在侦查工作中得到认真的遵守，同时，它也是侦查中的一种非常有效的侦查方法与手段。

一、侦查中的群众工作

群众路线是我们党和政府的根本路线，依靠群众是我国侦查工作一贯坚持的重要方针之一。公安部提出的"依靠群众、抓住战机、积极侦查、及时破案"的 16 字方针中，把依靠群众摆在首位。它是在长期的侦查斗争的实践中形成的，其基本精神是依靠群众和专门工作相结合，充分显示了其在侦查破案中的重要地位和作用。依靠群众，走群众路线，既是我国刑事诉讼的重要原则，更是我国侦查工作的行为准则和克敌制胜的法宝。

刑事犯罪不仅严重干扰了国家经济管理秩序，扰乱了国家机关、企事业单位的正常活动，而且直接损害了国家、集体和公民个人的利益。因此，打击犯罪从根本上讲，与保护人民群众的利益是一致的，侦查工作具有广泛的、牢固的群众基础。

侦查工作依靠群众的内涵：

（一）只有紧密联系群众、依靠群众，才能有效地获取揭露、证实犯罪的线索和证据

一方面，犯罪分子生活在群众之中，隐藏在群众之中，其实施违法犯罪行为，也必定会暴露在群众之中。犯罪活动发生时，群众最知情，甚至对犯罪活动的细枝末节都了解，比如犯罪分子犯罪前踩点、犯罪后携赃逃窜及毁灭证据等行径和反常表现，都难逃群众的眼睛。只要及时进行调查访问，往往可以获取有价值的线索。

另一方面，犯罪从表面上看，它并不直接侵害人民群众的个人利益，但由于犯罪直接影响到社会经济生活的各个领域，犯罪的后果会直接或间接地使人民群众的利益受到损害，人民群众必然会与之斗争，这些又为侦查工作坚持群众路线提供了现实基础。

（二）依靠各领域的技术专家、学者，解决犯罪案件侦查中的各种专门问题和疑难问题

刑事犯罪发生的领域涉及面广，案件涉及的问题也多种多样，如金融、税务、海关、民族、宗教、军事、天文、地理、民俗等学科的科学知识。为了解决案件中的专门性问题，侦查人员需要向各行各业的专家和学者请教。另外，许多案件的犯罪主体本身具有较高的智能或具备某个专业领域的专业知识和专业技能，许多犯罪的得逞与犯罪人本身精通专业知识，具备良好的专业技能密切相关。从这个角度上讲，刑事案件的侦查主体面临的是一些全新的，甚至是根本不了解的社会经济生活领域的犯罪手段、犯罪方法，这就决定了刑事案件的侦查必须紧紧依靠专家、学者的帮助，以解决案件中的各种专门性问题。

例如，在侦查经济案件的过程中，侦查机关就经常邀请熟悉财会业务、具有一定工作经验的会计师、经济师等协助侦查人员。在犯罪分子利用计算机网络进行犯罪时，需要邀请计算机专家，协助侦查人员查明犯罪的手段、方法。

（三）侦查的各个环节都需要人民群众的支持、配合和监督

从案件线索的来源看，当前侦查机关立案的主要线索来源于群众的检举、揭发和控告；现场勘查作为侦查工作的起点，自始至终都要依靠群众，勘查前后也需要群众保护现场；勘查过程中需要在群众中邀请见证人，确保证据的真实性与可靠性；遇到某些疑难问题，需要向群众请教。还有许多侦查措施，如调查访问、摸底排队、阵地控制、搜查、辨认、追缉堵截等措施的进行也需要知情群众的配合。由此可见，群众是侦查信息的重要来源，广大人民群众是完成侦查任务、实现侦查目的的依托，从根

本上保证了侦查活动有效而顺利地开展。

二、侦查中必须坚持专门工作与群众工作相结合

我国《刑事诉讼法》第 108 条明确规定："侦查是指公安机关、人民检察院对于刑事案件，依照法律进行的收集证据、查明案情的工作和有关的强制性措施。"法律的这一规定表明，侦查是一项由专门机关进行的专门工作。专门工作是指侦查机关在办理案件过程中，依照法律进行的收集证据、查明案情的活动和其他有关的强制性措施。专门工作主要是由刑侦基础业务、侦查措施、手段、侦查谋略、侦查技术等构成的完整的对策体系，通过专门工作达到查明案情、收集证据、揭露、证实犯罪和防控犯罪的目的。毫无疑问，群众工作固然重要，但真正在侦查中起主导作用的仍然是专门工作，只有专门工作才能在同现代犯罪作斗争的过程中实现攻坚效能。

同时，侦查中的专门工作和群众工作不是两个对立的方面。一方面，专业工作的有效开展建立在群众工作的基础之上，广大人民群众同犯罪作斗争的积极性、创造性，是侦查工作能顺利进行的基本保证。脱离群众就必然使侦查工作犯孤立主义和神秘主义的错误，不利于发挥专门机关的职能作用。联合国北京反贪大会也特别强调公众参与的重要性。另一方面，群众工作又是在专门机关组织和指导下开展的，离开专门机关，人民群众也不能有效地配合专门机关，准确而有力地打击犯罪活动，有效地保护自己。因此，二者之间是相互联系、相互作用的，统一于与犯罪作斗争的过程之中。

（一）牢固树立新时期侦查工作的群众观念，增强侦查工作依靠群众的自觉性

必须加强对侦查人员的思想教育，强化宗旨教育，解决为何执法、为谁执法的问题，树立"权为民用、利为民谋、情为民系、事为民办"的执法理念，使"立警为公，执法为民"成为侦查工作的出发点和归宿。

（二）规范侦查执法行为，取得群众的信任和支持

在侦查工作中，侦查人员要从群众的立场、感情出发，规范侦查的各个环节，保护群众利益，维护社会正义，以热情服务的精神和高度负责的态度处理每一件案件，通过严格、公正、文明执法，取信于民。

（三）创新新时期依靠群众的新方法

为了适应新时期变化的形势，要不断探索依靠群众的新方法。比如，利用大众传播媒介传播快而广的特点，适度公布案情，发动群众提供线索；实行公开悬赏、设立保密的群众举报犯罪线索的联系通道以及建立保护知情人、证人的制度，解除群众的后顾之忧，激发群众的斗志；树立群众见义勇为的典型，鼓励群众勇敢地同犯罪作斗争；加强公安基础工作，充分利用派出所这个联系群众的重要窗口，搞好派出所的社区警务工作；采取多种形式组织群众参加社会治安综合治理，建立健全基层治保组织、内保组织、治安联防组织，使其成为公安机关的一支重要辅助力量。

第二节　实事求是的原则

侦查中的实事求是的原则，就是在马克思主义理论指导下，要求侦查人员在具体案件的侦查过程中，必须从每个具体案件的实际情况出发，尊重客观事实，以收集的证据为依据，研究具体的犯罪嫌疑人与犯罪事实之间的联系，最终侦查破案。

一、侦查中必须坚持实事求是

（一）坚持实事求是是由犯罪活动的复杂性决定的

尊重客观事实，按照世界的本来面目认识世界、改造世界，是马克思主义理论最基本的态度。侦查实践中，犯罪分子为了逃避打击、转移侦查视线，常常毁灭证据以割断与案件的因果联系，有的还会对现场进行伪装，制造各种假象，迷惑、干扰侦查人员的侦查工作。因此，对于刑事案件的侦查人员来说，首要的任务是认真贯彻执行实事求是的原则，查明犯罪事实，去粗取精、去伪存真，确定客体的真实情况，揭露和证实犯罪。只有在此基础上，才能正确应用法律，对案件作出正确的处理。

（二）坚持实事求是是由侦查工作的性质和任务决定的

侦查是一项执法活动，是刑事诉讼的重要阶段，"以事实为依据，以法律为准绳"的刑事诉讼基本原则同样适用于侦查活动。就侦查结果而言，其过程和结果常常关系到一个公民的人身自由，甚至生命权利。因此，刑事案件的侦查工作只有坚持实事求是的原则，才能准确及时地揭露、证实犯罪、揭发犯罪人，保障无辜的人不受伤害，真正使国家和人民的利益得到保护。

（三）坚持实事求是是由侦查认识活动的逆向性特点决定的

侦查实践中，侦查人员所面对的案件绝大多数都是既过的事实，不可能再现，侦查人员只能通过联想、假设、推理等方式重现犯罪的原因和过程，并以此制定相应的侦查计划，发现和收集相关的线索和证据，经历从不知到知的认识过程，最终达到揭露犯罪、揭发犯罪人的结果。从逻辑上讲，正确的推理必须建立在正确的前提的基础之上。这个正确的前提，就是依靠侦查去获取真实可靠的证据材料，运用证据进行逻辑证明，才能查清案件的本来面目，这就必然要求在刑事案件的侦查工作中必须坚持实事求是的原则。

二、侦查中如何践行实事求是的原则

（一）要以事实为依据

以事实为依据，就是要尊重客观事实，并依据这些客观事实认定案情和处理案件。在案件的整个侦查过程中，无论是制定侦查的方案和计划，还是制定侦查的对策与方法，都应坚持一切从实际出发，以客观事实为依据和出发点，如实地反映案件事物本来面目、原有的规律和特点。坚决摈弃对案件事实的主观臆断、先入为主、偏听偏信以及任意取舍的思想和作风；坚决反对各种唯心主义和形而上学的观点、方法与行为，要敢于坚持真理和修正错误。

（二）要重调查研究，不轻信口供

实事求是就是要求在收集和运用案件证据时，必须坚持科学性、真实性和完备性。在案件的整个侦查过程中，应当充分运用各种科学技术手段和策略、方法，深入实际和深入现场调查研究，重证据而不轻信口供，仔细发现和收集各种证据材料。对作案的时间、地点、手段、动机、目的、过程、结果等，凡是一切认定案件事实和案件性质的情节，必须进行深入细致地调查研究，排除其中出现的一切疑点和矛盾，透过现象认识本质，得出符合实际的结论。

（三）依证据定案

实事求是就是要求在确定案件事实和终结定案时，必须以证据为依据，以法律为准绳。在案件的整个侦查过程中，凡是能证明犯罪嫌疑人有罪或无罪、罪轻或罪重的证据，必须如实地将其全部予以收集，对各种证据材料必须逐一进行认真调查核实；将所收集证据进行综合分析、判断，使各种证据形成相互印证和互相补充的证据体系，以认定案件事实与情节，根据认定的事实与情节，对照《刑法》条款确定案件性质与罪名。

第三节　遵守法制原则

一、侦查中必须遵守法制

侦查行为是诉讼行为，在侦查中坚持遵守法制原则是刑事诉讼本身的要求。侦查工作必须严格遵守法制，严格依法办事，才能实现揭露犯罪、惩罚犯罪，保障国家安全和社会公共安全，维护社会主义秩序的宗旨。

在侦查中遵守法制的原则就是要求侦查人员在办案过程中严格遵循《刑事诉讼法》和其他有关法律规定。这主要包括两个方面的内容：①程序合法，即侦查活动要严格依照法定的程序进行，包括遵守法定的形式、遵守法定时间并履行法定的手续；②实体合法，即侦查人员适用法律要把案件事实与法律规定恰当地结合起来，以法律的规定作为处理案件的客观尺度。法律是必须普遍遵守的规范，侦查人员必须严格履行法定的义务。

二、侦查如何贯彻遵守法制原则

在侦查过程中贯彻遵守法制原则，总的要求是坚持法律面前人人平等，坚持有法可依、有法必依、执法必严、违法必究。就其适用范围而言，不仅涉及侦查实践，也涉及侦查主体本身。

（一）贯彻遵守法制原则，侦查人员首先必须学法、懂法

侦查工作的开展，依据的不仅是《刑法》《刑事诉讼法》，还有《宪法》等其他法律、法令、法规以及最高司法机关关于执行有关法律的解释和规定。侦查人员只有全面地学法、懂法，了解法律的基本内容和精神实质，理解各种侦查行为的性质、对象、方法和手段，懂得办案的程序，能够区分罪与非罪，掌握此罪与彼罪的界定标准，才能正确地执法。侦查人员懂法是执法的前提和基础。

（二）贯彻遵守法制原则，侦查人员必须严格执法

侦查中的严格执法，就是指在侦查实践中，侦查人员必须认真依法做好侦查的各个环节的工作。在当前，必须严格按照修订后的《刑法》和《刑事诉讼法》所确立的新的立案标准和管理范围立案，认真执行案件侦查中的立案、破案、销案等的管理制度和审批制度。侦查措施，特别是秘密侦查手段的运用，应严格遵守《刑事诉讼法》及有关法规的规定；对于强制措施的采取，一定要符合法律规定的范围和条件；在讯问犯罪嫌疑人时，要严格执行国家的法律和党的政策，严禁刑讯逼供，保障公民的合法权益。

（三）贯彻遵守法制原则，侦查人员必须秉公执法、刚正不阿、不徇私情

秉公执法要求侦查人员要严格遵守职业道德和工作纪律。秉公执法的关键，是要树立把国家和人民利益放在首位的思想，坚持在侦查工作中贯彻法律面前人人平等，以事实为根据、以法律为准绳等法制原则。只有这样，才能做到秉公执法。

刚正不阿，就是指侦查人员要敢于伸张正义，敢于维护国家法制，对于来自任何机关、团体和个人的干扰和阻力，要敢于抵制，为维护法制，无所畏惧。这是刑事案件的侦查工作者必须具备的素质。不徇私情，就是要求侦查人员应具有廉洁奉公、全心全意为人民服务的优良品质。

秉公执法、刚直不阿、不徇私情，既是每个侦查人员都必须具备的优良品质和职业道德，也是解决侦查中执法水平滞后于立法水平问题的重要途径。只有侦查人员都具备了这样的品质，才能保证法制的统一性和严肃性，才能树立起侦查机关的威信和侦查人员的正直形象。

（四）对在侦查中违反法律规定的侦查人员必须严肃处理、追责

违法必究是遵守法制原则的重要内容，执法犯法是对遵守法制原则的严重悖离。为此，在侦查过程中，对于侦查人员的任何徇私舞弊、贪赃枉法，或违反《刑事诉讼法》非法收集证据的行为都必须坚决纠正。对直接责任人员，应依据党纪、政纪严肃处理，对情节严重，触犯《刑法》的，应依法追究其刑事责任，绝不姑息、迁就，更不能包庇、纵容，这是遵守法制原则的必然要求。

随着依法治国方略的实施，民主与法制不断发展和完善，犯罪嫌疑人的维权意识也越来越强，我国政府也签署了诸如《公民权利和政治权利国际公约》等反映国际刑事司法准则的国际公约。这就意味着一些国际社会普遍接受的侦查理念和规则，必然会逐渐为我国所接受和推行。侦查工作的法制化要求越来越高，侦查工作也必须纳入法制的轨道。

第四节　迅速及时的原则

迅速及时，是我国侦查的重要方针之一。"依靠群众、抓住战机、积极侦查、及时破案"侦查工作16字方针中有12字强调了时间，充分说明了迅速及时在侦查破案中的重要性。而刑事案件的特点，决定了对这类案件的侦查必须坚持迅速及时的原则。

一、侦查中必须坚持迅速及时的原则

在侦查工作实践中，证据的发现与收集是侦查工作的核心，是统揽侦查工作全局的主线。没有及时获取足够的、可靠的证据，不仅不能很快查明案件事实，使犯罪嫌疑人认罪服法，而且容易造成侦查工作的被动局面，或者由于犯罪嫌疑人翻供或证据不足而难以定案，甚至造成错案和放掉犯罪分子等后果。在某些特殊案件的侦查中，从报案到获取证据的时间间隔越长，证据流失的可能性越大。比如，对赃款、赃物及其他书证、物证等证据的收集，这些证据在一定条件下很容易流失。由此可见，在刑事案件的侦查中，必须强调迅速、及时，切不可掉以轻心。

侦查作为一个重要的诉讼阶段，其迅速、及时的要求较其他诉讼阶段更为迫切。特别是诉讼法对各种强制措施所规定的时限较为严格、明确，运用强制措施如果超过了法定期限，不仅会导致侦查的合法性受到律师和法庭的质疑，而且会影响通过运用强制措施所获取的证据的效力，甚至导致这些证据的效力被否定。因此，为符合《刑事诉讼法》的规定，刑事案件的侦查应严守法定时限，开展侦查活动必须迅速、及时。

二、侦查中的迅速及时的基本内容

在刑事案件的侦查中，迅速、及时原则的基本内涵就是抓住战机，积极侦查，及

时破案。

（一）抓住战机

迅速及时就是要求侦查要主动出击、以快制快。迅速及时的目的就是要抓住战机，抓住战机就是要抓住线索、收集证据，最后抓获犯罪嫌疑人。侦查的战机，是指在侦查破案过程中，一切有利于发现、查获犯罪分子而不利于其逃避隐匿的时机。抓住战机是争取侦查主动权的关键。由于刑事犯罪一般都是现行破坏，突发性强，犯罪分子作案快、逃跑快、销赃快，战机稍纵即逝，侦查工作的时间性强，这就要求我们在侦查活动中，抓住案发不久、现场痕迹物证尚存、群众记忆犹新、案犯未及时远逃、赃物未及时转移处理等有利时机，快速反应，先发制敌。特别是对那些大要案件，必须贯彻"先发制人、速战速决"的指导思想，迅速及时地制止和消除作案行为，避免更大程度和范围内危害后果的发生。

（二）积极侦查

一方面，在具体刑事案件的侦查中，积极侦查就是根据对案情的科学分析，制定出切实可行的侦查计划，组织力量，迅速开展侦查活动，综合运用各种刑事技术和侦查措施，统一部署，积极寻找侦查线索，收集破案证据，充分发挥侦查工作的主动性。

另一方面，刑事犯罪的严重危害性和隐蔽性，决定了刑事案件的侦查必须保持一种积极侦查、主动进攻的态势。随着"天网"工程及金盾工程的投入使用，案件的来源也不仅限于传统的报案途径，情报导侦的模式在打击违法犯罪领域的作用日益凸显。侦查中的情报建设，进一步拓宽了侦查的空间，显示出准、深、灵的侦查特点。它不仅会改变原有侦查思路中不适应侦查的部分，而且能帮助侦查向更积极、更主动的方向发展。所以，为了真正地做到积极侦查，刑事案件的侦查机关还必须在充分依靠举报的同时，大力抓好侦查的情报建设。

（三）及时破案

及时破案是侦查要达到的目的。刑事犯罪不仅严重地扰乱了国家正常的经济秩序，直接损害了国家和人民群众的利益，而且某些领域内的严重刑事犯罪还直接影响党风、社会风气，甚至会危及政权的稳定。因此，对刑事犯罪而言，只要查明了基本事实，掌握了基本证据，就应及时破案。对严重暴力犯罪、重大预谋案件更要强调主动进攻，先发制敌，速战速决，及时破案，以免给社会治安造成重大危害。

三、侦查中如何做到迅速及时

（一）侦查人员要具有高度的政治责任感和雷厉风行的战斗作风

在具体的案件侦查中，当接到举报或司法机关通过其他渠道，发现有犯罪发生时，应及时传讯主要犯罪嫌疑人，并及时进行讯问。在主要犯罪嫌疑人惊慌失措、未能组织好逃脱罪责的谎言时，敦促其如实交代犯罪事实，完整地记录好他的供词，并促使其提供人证、物证，最大限度地收集该案的犯罪信息。与此同时，应迅速、及时地搜集赃款、赃物及其他物证、书证，以便印证其口供，从而构成完整的证实犯罪、揭发犯罪人的证据链。当侦查工作处于停滞状态或者陷入困境时，侦查人员更应发挥主观能动性，坚韧不拔，积极寻找案件侦查的突破口。

（二）侦查机关应在物资保障和健全各种机制上，为达到侦查中的迅速及时提供有力的保证和支持

在侦查中为了实现迅速及时，侦查机关必须建设一支常备不懈、快速反应的、适应现代社会要求的高素质接处警队伍。从接警、指挥、出警、处警反馈等纵向五环节和速度、态度、装备、配合、处置等横向五要素上，对人员配置、警容装备、言行举止、处置配合进行规范，为快速反应创造条件。例如，在交通工具、通信器材和相关的技术器材等硬件方面，对经济犯罪案件侦查中的迅速及时提供有力的保证和支持；在经费上，向刑事犯罪案件的侦查部门倾斜；在指挥机制上，要以案件侦查的指挥中心或值班调度室为核心，用先进的通信工具，建立、健全刑事犯罪案件侦查的指挥系统，实行统一指挥调度；在协查机制则上，需要根据现有各职能机关的特长，建立一个组织严密、信息通畅的协查网络，改变现行的单兵作战、各自为战的局面，形成侦查中的整体优势。另外，还需从经费供给、交通、通讯、侦查装备、羁押条件、网络建设等方面做好日常的应急性的保障物质准备。

第五节　协同作战的原则

一、侦查中必须坚持协同作战的原则

侦查中贯彻协同作战的原则，是由刑事犯罪案件的复杂性所决定的。刑事案件案情复杂，涉及面广，既可能发生在国内，也可能发生在境外；涉案的关系人中，既有犯罪分子，又可能有本身犯有错误，但不构成犯罪而和案件有牵连的人，也可能有受蒙蔽、被他人利用的好心人；刑事犯罪行为人的构成也十分复杂。因此，刑事案件涉及各个部门、各个行业，而且，目前的刑事案件中大部分为共同犯罪，许多犯罪涉及的人数较多；有时，由于作案时间长，牵涉面广，侦查过程中需要向几个、十几个省市的过百个单位调取证据。同时，刑事犯罪又往往被不正之风所掩盖，在查处中受关系网、保护层的干扰，工作阻力大、困难多。因此，在这种情况下，如果没有上级侦查机关、各级党委的协调与支持，没有有关执法机关和外地侦查机关的配合，单凭某一地区的侦查机关单兵作战，其在管辖区域以外的侦查活动就很难顺利而有效地进行，侦查机关在日益复杂的刑事案件面前，也只能是束手无策。

刑事犯罪来势之迅猛、案情之复杂、办案的阻力之大，也使得侦查机关本身在人

力、物力、财力、技术装备、管理体制等诸方面越来越不适应斗争的需要。就公安机关的侦查部门而言，这一问题由于法律的规定和侦查工作起步较晚也显得更加突出。为了解决这个问题，一个切实有效的办法就是进行侦查协作。侦查中，通过各种形势的协同作战，可以取人之长，补己之短，从而充分发挥现有的人力、物力、财力，有效地增强侦查工作的整体作战能力。

二、侦查中如何实现协同作战

我国目前实行的是"条块结合、以块为主"的侦查体制，即上级侦查机关负责协调、指导下级侦查机关的侦查工作，基层侦查机关主要负责同本辖区的犯罪作斗争。这一体制曾在同刑事犯罪作斗争的过程中发挥了重要作用，但这一体制的弊端是容易形成地方保护主义，不适应现代刑事犯罪案件侦查的斗争需要，不符合协同作战原则的要求，必须对其加以改革。

侦查体制的改革有一个过程，在这个过程中为了有效地贯彻协同作战的原则，应做好以下几方面的工作：

（一）侦查机关必须树立全局观念

建立健全专门、有效的协查机构，完善各项协查制度，与其他执法机关的联系制度，加强刑事犯罪的情报建设，交流共享情报资源。同时，应强化协作意识，在打击刑事犯罪的重大行动中做到相互策应、相互配合、相互支援，做好并案和联合侦查。在一般协查活动中，也要积极配合外地侦查机关开展侦查工作，并将协查结果及时通知对方。只有这样，才能发挥侦查机关的整体作战能力，使犯罪分子无处可逃。

（二）按照法律的有关规定，做好协同作战工作，克服"地方主义"倾向

《刑事诉讼法》不仅从原则上，也从具体的侦查措施的运用上，对侦查中如何适用协同作战的原则作了明确规定。这些规定是刑事犯罪案件侦查中坚持协同作战原则的法律保障，侦查部门必须坚决执行。

（三）加强国际合作，打击跨国刑事犯罪

近年来，国际性的刑事犯罪，如贩毒、诈骗、走私等犯罪十分突出。我国领域内的一些经济犯罪分子也以将赃款汇出境外、携款潜逃国外等方式对抗侦查。为了适应这种变化，我们必须加强国际合作，发挥世界各国在这一领域内的整体优势，严厉打击犯罪。

同时，联合国为了进一步协助世界各国打击黑社会犯罪，从组织上、立法上成立了相应的机构，制订了相应的守则，召开了多次相关的会议，并在会上由世界各国、各地区政府代表共同签署了有关的反黑行为的文件。这些均构成了各国间协作打击国际性黑社会行为的基础。

第六节 保守秘密的原则

一、侦查中要坚持保守秘密的原则

刑事案件侦查的特殊性和复杂性决定了侦查工作必须斗智、斗勇，必须运用周密、有效的策略去获取证据，揭露和证实犯罪人。而"谋成于密，败于泄"，任何形式的泄密都会给刑事犯罪分子逃避打击、对抗侦查提供可乘之机。因此，保守秘密是我们必须遵守的原则。

在侦查中，需要保守秘密的事项主要有：

1. 在立案前的审查和侦查阶段不宜暴露案件情况，如举报的事实、行贿人作出的供述；

2. 在案件侦查中涉及的党和国家的机密；

3. 在案件侦查中侦查措施的组织实施、秘密力量的布置等情况；

4. 在案件侦查中所使用的侦查手段；

5. 在案件中涉及的证人及其他有关人员的隐私；

6. 现场勘查情况和制定的侦查计划；

7. 在案件侦查中摸底排队的对象；

8. 在案件侦查中获取的犯罪证据。

上述情况，一旦泄露，不仅会导致刑事案件的侦查工作受到损害，而且还可能使国家利益蒙受损失，使个人名誉受到破坏。因此，整个破案工作从现场勘查、分析案情、确定侦查方向和范围，到审查犯罪嫌疑人，各个环节都需要严格保密。除有关领导和参加案件侦查的人员外，侦查人员不得在任何地方向任何人包括自己的亲属泄露案件侦查的有关情况。尤其在贯彻群众路线，做群众工作时，应内外有别。在对已经侦破的刑事案件进行宣传报道或利用它进行法制教育时，更应严格保守侦查工作的秘密。对违反者，应视其情节轻重，依据有关规定或刑事法律进行严肃处理。

二、侦查中泄密带来的后果

（一）可能导致犯罪分子毁证、灭迹和逃跑

犯罪分子实施了犯罪行为后害怕自己的罪行被揭露而遭到刑罚的处罚，总是格外关注甚至积极打探侦查工作的动向及进展情况，并根据获取的信息来采取针对性的行动，以逃避侦查机关的打击，有的千方百计地毁灭对其不利的证据，有的买通证人做假口供，有的甚至会打击、报复证人，有的还会编造各种与案件无关的证据来阻挠侦查。侦查工作进展一旦泄露，就会严重违背侦查工作自身特殊性质的要求，导致侦查

陷入误区，形成僵局。

（二）对案件的举报人、控告人及相关证人不利

只要犯罪分子还未归案，证人被打击、报复的风险就会一直存在。犯罪分子对证人必然存在一种敌视情绪，如果其身份暴露，出于逃避打击、毁灭证据以及打击、报复的心理，就极有可能会对证人实施人身攻击及精神恐吓甚至杀人灭口。目前，在我国的司法实践中，对证人缺少有效的保护机制，导致很多证人不愿、不敢去作证。因此，为了避免对证人的不利情况发生，侦查人员必须严守侦查秘密。

思考题

侦查实践中，如何处理好保守秘密与侦查公开之间的关系？

线上资源链接

第三部分　侦查是如何运行的

第 九 章

侦查程序

重点导引

1. 启动侦查程序的条件。

2. 案情分析的内容。

3. 侦查破案的条件。

侦查程序是指侦查机关在办理刑事案件时的基本运作步骤。侦查程序是公安机关在刑事案件立案后起诉前，按照一定的程序、步骤和顺序，履行法定的手续，为收集犯罪证据，查明案件事实，确定是否起诉的准备程序。公安机关的侦查活动都必须依照侦查程序进行，它是刑事诉讼中的一个十分重要的阶段。

以侦查过程的时间性为标准，可以将侦查程序分为三个基本步骤：侦查启动程序、侦查运行程序以及侦查终结程序。这三个步骤构成了完整的侦查程序。

第一节 侦查启动程序

我国刑事诉讼的基本运行过程为立案、侦查、公诉、审判、执行等基本程序阶段。《刑事诉讼法》明确规定，侦查的开展必须经过立案程序，只有经过立案的刑事案件，才能对其进行侦查。因此，我国的侦查启动程序是立案程序，立案是刑事诉讼的开端。

立案，是指侦查机关对所受的具有犯罪嫌疑的材料或事件，依法进行审查、分析、判断后，判定是否有犯罪事实存在以及是否需要追究刑事责任，从而决定是否作为犯罪案件进行侦查的活动，具体分为以下几个步骤：

一、受理立案

刑事案件的受理，是指侦查部门对有关刑事犯罪线索的接受与处理活动。要决定是否立案，首先要接受案件，这是侦查机关获知犯罪事实从而予以立案的前提，是侦查活动的起点，是依法立案的基础。

受理案件的提出程序如下：

（一）告知法律责任

我国现行《刑事诉讼法》第111条第2款规定："接受控告、举报的工作人员，应当向控告人、举报人说明诬告应负的法律责任。但是只要不是捏造实施，伪造证据，即使控告、举报的事实有出入，甚至是错告的，也要和诬告严格加以区别。"因此，控告人或举报人应实事求是地提供有关情况，对犯罪事实的反映必须做到客观、准确。对故意捏造事实、有意诬告并构成犯罪的，应当追究相应的刑事责任。这既充分保障了单位或公民行使控告、举报的权利，又能防止诬告、陷害事件的发生。

（二）向控告人、举报人或者自首者详细询问案件的基本情况以及犯罪嫌疑人、被害人的相关情况，依法制作笔录或录音

凡是公民扭送、报案、报告、举报的或作案人自首的，无论是否属于自己管辖，公安机关都应当立即接受，不得拒绝或推诿；如果不属于自己管辖，接受之后再移送相应的主管机关。

对于扭送、报案、报告、举报的，应当先问清情况，并制作询问记录，经宣读无误后，由扭送人、报案人、控告人、举报人签名、盖章；对于有扭送情况的，还应当对扭送人和被扭送人分别问明情况，制作笔录，签字、盖章。

根据案件情况的需要，侦查部门也可以采用录音方式接受立案材料，但录音不应当代替笔录，应与笔录同时并用。制作笔录和录音时，必须客观、真实地记载案件受理情况，不能夸大或缩小案情，更不能故意编造和歪曲案情。

（三）填写《受理刑事案件登记表》

《受理刑事案件登记表》是侦查部门在接受案件材料后，认为属于自己管辖的案件，根据受案笔录填写的报送县级以上公安机关主管负责人进行审查决定处理的文书。受理机关在接受案件后，应在24小时内填写《受理刑事案件登记表》，其内容包括报案人和犯罪嫌疑人的基本情况、报案方式、发案时间地点、简要案情、处理结果等项目。作为侦查部门决定立案侦查、不予立案或移送其他机关处理的原始资料，登记表要妥善保管，存档备查，不能随意处理。

（四）针对紧急情况采取措施

所谓的紧急情况是指保护现场，收集、保全、固定第一手证据材料，抢救伤者、救火，以及防止犯罪嫌疑人逃跑、行凶、自杀、毁证匿迹等情况。在侦查实践中，即使侦查机关遇到的案件不属于自己管辖，面对紧急情况，也必须采取紧急措施，然后再办理移交手续。

（五）保障扭送人、报案人、控告人、举报人及其近亲属的安全

《刑事诉讼法》第111条第3款规定："公安机关、人民检察院或者人民法院应当

保障报案人、控告人、举报人及其近亲属的安全。报案人、控告人、举报人如果不愿意公开自己的身份，应当为他保守秘密并在材料中注明。"如果上述人员正处于危险之中或可能遭受损害，应及时采取保护性措施。对于对上述人员采取的各种报复行为，已构成犯罪的应当追究其刑事责任，未触犯《刑法》的依法给予治安管理处罚。

二、对立案材料进行审查及处理

《刑事诉讼法》第 112 条规定："人民法院、人民检察院或者公安机关对于报案、控告、举报和自首的材料，应当按照管辖范围，迅速进行审查，认为有犯罪事实需要追究刑事责任的时候，应当立案；认为没有犯罪事实，或者犯罪事实显著轻微，不需要追究刑事责任的时候，不予立案，并且将不立案的原因通知控告人。控告人如果不服，可以申请复议。"

（一）对立案材料进行审查

在决定是否立案之前，需要对立案材料进行审查。立案之前对材料进行审查可以算是立案程序的核心，审查的内容为案件是否符合立案条件，主要有以下几项：

1. 审查犯罪事实是否实际发生，客观存在；

2. 审查是否需要追究犯罪嫌疑人的刑事责任；

3. 审查有无管辖权，即查明是否属于受案机关和本级、本部门管辖。

审查的方法主要有以下几种：

1. 就所接受的犯罪案件的材料本身进行分析、审查；

2. 审查接受案件时所获取的有关证据；

3. 审查犯罪嫌疑人的基本情况；

4. 询问报案人以及知情人，对被害人、控告人进行审查；

5. 对案件性质进行审查。

（二）审查后的处理

案件材料经过审查后，应根据犯罪事实是否存在，是否需要追究刑事责任，分别作出如下处理：

1. 立案侦查。侦查部门认为有犯罪事实，且需要追究刑事责任，属于自己管辖范围的，应依法予以立案。

2. 移送管辖。侦查部门经过审查，确定有犯罪事实，且需要追究刑事责任，但不属于自己管辖范围的，应及时经过县级以上公安机关负责人批准，制作移送案件通知书，移送有管辖权的机关处理。但对于不属于自己管辖又必须采取紧急措施的，应当先采取紧急措施，然后办理手续移送主管机关。

3. 告知自诉。对告诉才处理的案件，公安机关应当告知当事人向人民法院起诉。对被害人有证据证明的轻微刑事案件，公安机关应当告知被害人可以向人民法院起诉；

被害人要求公安机关处理的，公安机关应当依法受理。人民法院审理自诉案件，依法调取公安机关已经收集的案件材料和有关证据的，公安机关应当及时移交。根据《刑事诉讼法》的有关规定，自诉案件包括三种：①告诉才处理的案件；②被害人有证据证明的轻微刑事案件；③被害人有证据证明对被告人侵犯自己人身、财产权的行为应当依法追究刑事责任，而公安机关或人民检察院做出不起诉决定的案件，被害人也可以直接向人民法院起诉。

4. 行政处理。在侦查实践中，部分被扭送、报案、举报的案件不构成刑事犯罪，是一般违法案件，对于这些案件，不符合立案条件，但经过审查，应该给予行政处理的，依法予以处理或者移送有关部门。

5. 不予立案。侦查部门经过审查，认为没有犯罪事实，或虽有犯罪事实，但依法不需要追究刑事责任的，以及虽有犯罪行为发生，但行为人具有不需要追究犯罪责任的法定情形的，不予立案，受案单位应当制作《呈请不予立案通知书》，在 7 日内送达控告人。

三、立案的条件及程序

经过审查，侦查机关认为符合法定的立案条件，依法对其进行立案。

（一）立案的条件

1. 立案的事实条件。犯罪事实条件指的是有犯罪事实存在，其客观表现我国刑事法律规定的危害社会的、依照法律应当受到刑罚处罚的行为已经存在。只有危害社会的行为在客观上确有其事才符合立案的事实条件，包括正在预备犯罪、实施犯罪、犯罪未遂、犯罪中止或已经实施完毕的犯罪行为。因此，立案必须要有足以证明犯罪事实已经发生的证据材料，不能仅凭侦查人员的主观认识。证明犯罪的所有事实和犯罪人的全部证据材料不能苛求在立案阶段全部完成，可以稍后通过侦查或者审理再去收集、证明。

2. 立案的法律条件。立案是以追究刑事责任为直接目的的。也就是说，公、检、法机关认为危害社会的犯罪行为应当受到刑罚处罚的才能立案。否则，虽有危害社会的行为发生，但具备法定不需要追究责任的情形，就不予立案。《刑事诉讼法》第 16 条规定：有下列情形之一的，不追究刑事责任，已经追究的，应当撤销案件，或者不起诉，或者终止审理，或者宣告无罪：

（1）情节显著轻微、危害不大，不认为是犯罪的；

（2）犯罪已过追诉时效期限的；

（3）经特赦令免除刑罚的；

（4）依照《刑法》告诉才处理的犯罪，没有告诉或者撤回告诉的；

（5）犯罪嫌疑人、被告人死亡的；

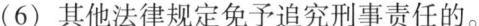

（6）其他法律规定免予追究刑事责任的。

3. 立案的管辖条件。在司法实践中，由于案件事实的复杂性和定性的难度大，准确地掌握立案条件是很不容易的。为了准确地把握和正确地执行立案条件，公安部、最高人民检察院和最高人民法院依据《刑事诉讼法》《刑法》等法律的规定，结合长期司法实践的实际情况和经验，确立了各自的管辖范围。《刑事诉讼法》对案件的管辖有严格的规定，立案必须按照管辖范围进行。刑事案件的侦查由公安机关进行，法律另有规定的其他案件如检察院直接立案侦查的案件、危害国家安全的案件、军队内部发生的刑事案件以及罪犯在监狱内犯罪的案件，就应由检察机关、国家安全机关、军队保卫部门、监狱分别行使侦查权。在公安机关内部，地区与地区、部门与部门以及不同级别的机关之间也有是否属于"自己管辖"的问题，原则上是谁管辖谁立案。《公安机关办理刑事案件程序规定》第21条第1款、第2款规定："县级公安机关负责侦查发生在本辖区内的刑事案件；设区的市一级以上公安机关负责重大的危害国家安全犯罪、恐怖活动犯罪、涉外犯罪、经济犯罪、集团犯罪案件的侦查。"

上述的事实条件、法律条件及管辖条件，是侦查立案的必备条件，缺一不可。

（二）立案的程序

受理案件的侦查机关在审查材料后认为符合立案条件的，应当制定《刑事案件立案报告表》。报告表中应写明案件的类别（一般、重大、特别重大）、发案地点、线索来源、伤亡及财物损失情况、简要案情等。承办单位要签署意见，承办人和填写人要签名，并注明填表日期。制作报告时要填写清楚，特别是案情部分，以便领导审查批准。

《刑事案件立案报告表》制作完毕后，要报经县级以上公安机关负责人审查，批准后方可立案，并告知报案人，开展侦查活动；不批准立案的，不得开展侦查。

（三）立案监督

立案监督可以通过两种方式实现：①人民检察院依法行使刑事司法检察权；②控告人依法行使申请复议权、申诉权和自诉权。《公安机关办理刑事案件程序规定》第179条规定：对于人民检察院要求说明不立案理由的案件，公安机关应该在7日内作出答复，并通知人民检察院。人民检察院认为不立案理由不能成立，公安机关应当在接到通知后的15日内决定立案，并将立案决定书复印件送达检察院。控告人对不予立案决定不服的，可以在收到不予立案通知书后7日以内向作出决定的公安机关申请复议；公安机关应当在收到复议申请后七日内作出决定，并书面通知控告人。控告人对不予立案的复议决定不服的，可以在收到复议决定书后七日以内向上一级公安机关申请复核；上一级公安机关应当在收到复核申请后七日以内作出决定。对上级公安机关撤销不予立案决定的，下级公安机关应当执行。

第二节　运行程序

立案活动完成后，侦查工作正式启动。侦查运行程序是整个侦查程序的核心，侦查机关要根据案件具体情况和特点灵活运用侦查措施，查明案情，收集证据，揭露和证实犯罪。我国的侦查运行程序概括而言，可分为以下几个步骤：

一、案情分析

案情分析是侦查运行程序的首要任务，它要求侦查人员追溯已经发生的犯罪过程，从认识上恢复犯罪事实的本来面貌，从而确定案件性质和犯罪事实的全部情况，为确定侦查途径和侦查方法提供依据，为下一步侦查打下基础。

分析案情的切入点有很多，主要包括以下几个方面：

（一）案件性质

案件性质是对案件具体属性所作的界定。案件性质反映了侦查工作的方向和范围，是案情分析的基础。但必须注意的是，案件性质不能等同于刑法罪名。案件性质主要根据犯罪动机、犯罪方式等来确定，而刑法罪名有着严格的法律界定。

（二）犯罪时间

分析犯罪事件主要是凭借获取有关犯罪时间的材料，运用回溯推理的方法，推断出犯罪人犯罪活动的时间点或时间段。

（三）犯罪地点

通过分析作案人实施犯罪行为的具体地点，以及研究犯罪嫌疑人选择的犯罪地点与周围环境、犯罪时间、犯罪对象之间的联系，为侦查方向和侦查范围提供依据。

（四）犯罪行为事实

犯罪行为事实的分析主要是针对实施犯罪行为的后果及其形成过程的推断，包括犯罪的预谋活动、实施犯罪的过程、实施犯罪时所使用的工具及手段、最后掩盖处理现场的方法等。

（五）犯罪嫌疑人

分析犯罪嫌疑人①要分析实施犯罪行为的人数；②要确定犯罪嫌疑人的作案条件；③要刻画犯罪嫌疑人的人身形象，如身高、外貌、体型等，如果有条件，还要尽可能地分析作案者的文化程度、职业、语言习惯等特征。

（六）确定侦查方向和范围

侦查方向一般是侦查范围的具体指向，具有纵向、空间的含义，而侦查范围是指

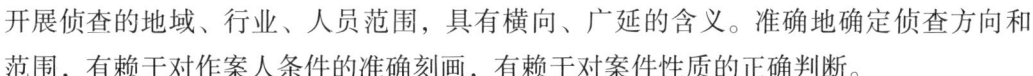

开展侦查的地域、行业、人员范围，具有横向、广延的含义。准确地确定侦查方向和范围，有赖于对作案人条件的准确刻画，有赖于对案件性质的正确判断。

二、初步侦查，发现犯罪嫌疑人

这一阶段的主要任务是选择正确的侦查途径，通过公布案情、摸底排查的方法，发现可疑线索，确定重点怀疑对象，推进下一步侦查工作的深入开展。

（一）选择侦查途径

任何一起刑事犯罪案件的侦查活动，在客观上都存在着若干条可供选择的侦查途径。由于刑事案件的复杂性和特殊性，选择侦查途径要视情况而定，因人施策，选择最佳途径，即投入人力、物力、财力最少，花费时间最短而取得效果最好的途径。侦查途径是否适当，直接关系破案的速度和质量。

（二）发现犯罪嫌疑人

选择好侦查途径后，侦查工作就根据拟定的侦查计划开展，寻找犯罪嫌疑人。侦查过程中如发现人员存在以下情况，可以确定为重点犯罪嫌疑人：

1. 具备犯罪时间和动机，暂时没有取得证据的人；

2. 具有犯罪动机和部分间接证据，而犯罪时间和条件暂未查清的人；

3. 具有犯罪的某些间接证据，而犯罪时间和因素条件暂未查清的人；

4. 具有重大预谋犯罪活动迹象或掩盖罪行迹象的人。

值得注意的是，确定重点犯罪嫌疑人虽然不需法定程序的认定，但也需要经过严格的审查，确保侦查工作的顺利进行。

三、深入侦查，确定犯罪嫌疑人

确定了重点犯罪嫌疑人，侦查工作就有了相对稳定的目标。侦查人员要继续深入侦查，取得充分的证据来证实重点犯罪嫌疑人的犯罪事实或排除其嫌疑。

（一）严密监视、控制重点嫌疑人

根据现实案件的客观具体情况，对重点嫌疑人采取相应的侦查措施进行严密控制，及时掌握其活动的动向和同其他人员接触的情况，防止其转移赃物、赃款或者隐匿、销毁证据，防止其畏罪潜逃或自杀。

（二）收集犯罪证据

对重点犯罪嫌疑人的查证，必须围绕获取证据来进行。侦查人员要采取询问证人、勘验检查、搜查、组织辨认、控制销赃、讯问犯罪嫌疑人、鉴定等侦查措施全面收集证据。需获取的证据有三类：一是对赃物的获取；二是对鉴定样本的收集；三是对现场遗留物和犯罪嫌疑人进行辨认。

（三）审查、核实证据

侦查人员收集证据最直接的目的在于运用证据揭露和证实犯罪，而做到正确地运用证据揭露和证实犯罪，就必须对证据进行审查、核实。审查、核实证据，是侦查人员确定证据与案件事实之间的客观联系的侦查活动，基本内容包括：

1. 证据的真实性。证据的客观真实性是指证据不依赖侦查人员主观意识而独立存在的本质属性，是侦查人员审查证据的一个重要内容。

2. 证据的相关性。证据的相关性，是指证据所反映的事实与案件之间具有一定的内在联系。与案件无关的证据，不论是否真实可靠，都不能在诉讼中使用。

3. 证据的合法性。证据的合法性，是指证据必须经过法定机关的法定人员，依照法定程序、方法收集和保全的特性。《刑事诉讼法》和相关法律对收集证据的方法和要求作出了十分严格而具体的规定。只有严格依法收集的证据，才能保证其确实充分、真实有效，否则会失去其证据价值，不被法庭所采纳。

4. 证据的关联性。证据的关联性，是指各个证据要相互联系、相互补充、相互印证，能够形成完整的证据链，能够揭露犯罪嫌疑人的犯罪行为，证明案件的主要事实。如果收集的证据相互矛盾、证据链存在一定的漏洞，就很难证明犯罪嫌疑人的犯罪行为，不能起到揭露和证实犯罪的作用。

四、侦查破案

侦查破案是侦查工作的结果，是揭露和证实犯罪嫌疑人犯罪行为措施的综合称谓。侦查破案是指侦查部门对所立刑事案件，经过侦查，在有证据证明犯罪事实确实存在并确为犯罪嫌疑人所为的基础上，依法抓获犯罪嫌疑人或主要犯罪嫌疑人的一项侦查活动。

（一）破案的条件

经过侦查，如果案件性质已经确定，主要犯罪事实和犯罪嫌疑人已经查清，并取得了揭露犯罪和证实犯罪的主要证据，即可依据《刑事诉讼法》规定的程序，缉拿犯罪嫌疑人，并对其进行审讯，进一步追查和证实犯罪。

破案必须具备以下三个条件：

1. 犯罪事实已查清。这是指公安机关依据经过侦查所掌握的证据，确定有犯罪案件的发生，应当追究行为人的刑事责任，并查清了犯罪事实。这里的犯罪事实不是全部的犯罪事实，而是指在破案阶段符合立案标准的犯罪事实已经查清，案件就可以确定。例如，犯罪行为实施的时间、地点，行为人的动机、目的，犯罪的手段、对象，犯罪的后果等，这些都是需要查明的事实，但在破案阶段并不需要将这些内容全部查清。这里有必要将各阶段中的"有证据证明"和"有犯罪事实"在实践中加以区分。作为破案条件之一的"有证据证明"较之立案时的"有犯罪事实"应当有更高的程度和标准，证据应当更加充足，但又不如在逮捕时的"有证据证明"的条件要求那么高。

2. 有证据证明犯罪事实是犯罪嫌疑人实施的。有证据证明犯罪事实是犯罪嫌疑人实施的，是指经过侦查已经查清究竟是谁实施了犯罪行为，并获得了相应的证据。这些证据数量充分印证、能够证明犯罪嫌疑人的犯罪行为，起到了揭露和证实犯罪的作用。

3. 犯罪嫌疑人或主要犯罪嫌疑人已经归案。犯罪嫌疑人或主要犯罪嫌疑人已经归案，是指一人作案的犯罪嫌疑人必须抓获；两人以上共同作案的，主要犯罪嫌疑人必须抓获；犯罪集团作案的，首要分子和主要实施犯罪行为的嫌疑人必须抓获。这里其实有两层含义：一是发生了案件并抓获了犯罪嫌疑人才能视为破案，嫌疑人没有到案是不能视为破案的；二是共同犯罪中，必须抓获了主要犯罪嫌疑人才能视为破案，已抓到了从犯和胁从犯，不能视为破案。

（二）破案时机

一般情况下，刑事案件只要具备了破案条件，就应当及时破案。但在某些特殊情况下，破案过早或过迟都会给侦查工作带来极大的麻烦和不可弥补的损失。侦查人员应根据具体情况掌握破案时间，采取相应的措施进行提前破案、延缓破案或破案留痕。

1. 提前破案。当存在以下情况时，可以提前破案：案件的主要事实已经查清，需要进一步侦查，但犯罪嫌疑人可能会逃跑、毁灭证据或继续进行犯罪的；对重大暴力性案件，确认其有犯罪预备行为的；对于有组织犯罪、带有黑社会性质犯罪的案件，初步掌握证明其犯罪证据材料的。

2. 延缓破案。当存在以下情况时，可以延缓破案：破获本案可能影响其他案件侦查的；共同犯罪案件中，决定破案可能引起其他犯罪嫌疑人逃跑、毁坏证据的。

3. 破案留痕。针对重大的犯罪集团案件、内外勾结的走私、贩毒案件，从全局的需要出发，只进行局部破案，利用其他手段深入侦查，将剩余的犯罪分子或更大的犯罪集团一网打尽。

（三）拟定破案计划

在破案条件具备、破案时机成熟后，应拟定破案计划，使侦查工作有个圆满的结束。破案计划的内容包括主要案情、侦查结果、获取的证据材料和破案的理由；侦查力量的组织与分工、强制措施的执行情况以及破案后的处理工作等。

（四）破案程序

1. 制作《呈请破案报告书》。

2. 报批。公安机关经过侦查，对于符合破案条件的一般案件，办理部门应当制作《呈请破案报告书》。重特大、复杂疑难、有影响力的案件应当更详细、具体，并连同案件材料报县级以上公安机关负责人批准，才能宣布破案。县级以上公安机关负责人需要审查破案材料和破案报告。同时，办案部门或办案单位应当按照《呈请破案报告书》正文部分的四项内容要求，认真制作《呈请破案报告书》。

3. 办理强制措施的法律手续。侦查人员应当根据案件的性质和犯罪嫌疑人的具体情况，分别决定对犯罪嫌疑人采取哪种强制措施，如监视居住、取保候审、拘留或逮捕，并且按照法律、法规的要求，办理相应的法律手续。

4. 合理组织破案力量。组织破案力量是搞好破案的关键环节。组织破案力量应充分考虑到案件的性质、社会危害后果以及犯罪嫌疑人的人数、性别、个人特征、体质状况、反抗程度等，并根据上述情况认真组织破案力量。对于一些大要案或犯罪嫌疑人实施的极端暴力行为案件，应组织精干力量，必要时可请武警进行协助。在分工安排上，既要分工明确，又要密切配合，防止犯罪嫌疑人逃跑、自杀、毁证等行为的发生。

5. 抓捕犯罪嫌疑人。在确定应采取的强制措施种类、办理相关法律手续并组织好破案力量后，应当立即执行拘留或逮捕以剥夺犯罪嫌疑人的人身自由，或执行取保候审或监视居住以限制犯罪嫌疑人的人身自由。对于那些不需要采取强制措施的，也必须采取有效的方式、方法，使其行为受到有效控制，以免发生不良后果。

6. 讯问犯罪嫌疑人。对犯罪嫌疑人采取拘留或逮捕后，应当及时与看守所取得联系，将犯罪嫌疑人迅速、安全地送到看守所羁押。同时，按照相关法律的要求，对其进行讯问，核实查清的案件情况，印证获取的证据材料。

第三节　侦查终结程序

通过侦查程序的启动和运行，犯罪分子得以抓获，刑事案件得以侦破，侦查程序也随之流向最后一个阶段，即侦查终结程序。我国的侦查终结程序，是指侦查机关对立案侦查的刑事案件经过一系列的侦查工作，认为案件事实已经查清，需要收集的证据已经收集，足以认定犯罪嫌疑人是否犯罪以及应否对其追究刑事责任，决定结束侦查程序，并依法对案件作出相应处理的一项诉讼活动。侦查终结是介于刑事诉讼过程中侦查阶段和起诉阶段的交叉点上的一道重要程序，它对于全面总结、科学评价侦查工作和为起诉工作奠定良好的基础，对进一步准确、及时追究犯罪分子的刑事责任和保障无罪的人不受刑事追究，都具有非常重要的意义。

一、侦查终结的条件

根据我国《刑事诉讼法》以及《公安机关办理刑事案件程序规定》的相关内容，侦查终结应当符合下列条件和要求：

（一）犯罪事实清楚

犯罪事实清楚是侦查终结的首要条件，要求犯罪嫌疑人有罪或者无罪的全部事实都已经查清，具体的犯罪情节也已经查清，没有遗漏罪行。如果是共同犯罪，还应当查明同案犯之间的关系以及犯罪嫌疑人在本案中的地位和作用，以及有无遗漏其他应当追究刑事责任的同案人。

（二）证据确实、充分

证据确实、充分是侦查终结的中心环节，要求查清的犯罪和情节都有足够的证据加以证明，证据材料来源可靠，证据材料形式合法，同时，证明该案犯罪事实和情节的每一个证据都已经查证属实，足以证明案件事实；全案证据没有矛盾或矛盾已经排除，协调一致，相互印证，形成完整的证据体系、证据链条，完全可以排除其他可能，能科学、正确地证明案情。

（三）案件定性、定罪准确

这一要求是指根据已经查明的犯罪事实情节，能够按照有关实体法的规定划清罪与非罪的界限、此罪与彼罪的界限以及犯罪的情节严重的界限，从而满足起诉的基本要求。

（四）法律手续完备

法律手续是侦查机关依法办案的依据，也是对侦查工作的监督，是侦查活动质量的重要保证。侦查过程中，依法形成的文书和履行的法律手续必须完整、齐全，采取的专门调查和有关强制措施的各种法律文书以及报批手续必须齐备，并符合法律规定的要求。

二、侦查终结对案件的处理

（一）提出起诉意见

对于行为已构成犯罪并且依法应当追究犯罪嫌疑人刑事责任的，侦查人员应当提起起诉意见，并制作《起诉意见书》，一式三份，经县级以上侦查机关负责人批准后，一份存入侦查卷，两份随诉讼卷和证据一并移送同级人民检察院审查。

（二）提出撤销案件意见

根据《公安机关办理刑事案件程序规定》第183条的规定，撤销案件包括以下几种情形：

1. 没有犯罪事实的；

2. 情节显著轻微、危害不大，不认为是犯罪的；

3. 犯罪已过追诉时效期限的；

4. 经特赦令免除刑罚的；

5. 犯罪嫌疑人死亡的；

6. 其他依法不追究刑事责任的。

出现以上六种情况之一的，就应当撤销案件。对于应撤销案件的，侦查机关应当制作《呈请撤销案件报告书》，经县级以上侦查机关的负责人批准后，再依据侦查机关负责人审核批准的《呈请撤销案件报告书》制作《撤销案件通知书》。

侦查机关决定撤销案件，如果犯罪嫌疑人已被逮捕在押，应当依据《公安机关办理刑事案件程序规定》第184条的规定，立即将其释放，发给释放证明，并及时通知原批捕的检察院。此外，应立即撤销该强制措施，并按有关规定办理相关的法律手续。

对于经过侦查，发现有犯罪事实需要追究刑事责任，但不是被立案侦查的犯罪嫌疑人时，或者共同犯罪案件中部分犯罪嫌疑人不够刑事处罚的，应当对有关犯罪嫌疑人终止侦查、并对该案件继续侦查。

三、补充侦查

补充侦查是指在原来的侦查程序中，侦查机关由于某种原因没有顺利完成侦查任务，导致案件部分事实不清、证据不足或遗漏罪行、遗漏同案犯罪嫌疑人等情况，需要侦查机关依照法定程序，在原有侦查工作的基础上继续进行收集、补充证据的一种活动。我国相关立法规定了三种类型的补充侦查：

（一）审查批捕阶段的补充

我国现行《刑事诉讼法》第90条规定：人民检察院对于公安机关提请批准逮捕的案件进行审查后，应当根据情况分别作出批准逮捕或者不批准逮捕的决定。对于批准逮捕的决定，公安机关应当立即执行，并且将执行情况及时通知人民检察院。对于不批准逮捕的，人民检察院应当说明理由，需要补充侦查的，应当同时通知公安机关。公安机关在此基础上，一般会按照人民检察院列出的补充侦查提纲查明事实，收集、核实证据，补充侦查完毕，认为符合逮捕条件的，重新提请批准逮捕。

（二）审查起诉阶段的补充侦查

根据《刑事诉讼法》《公安机关办理刑事案件程序规定》以及《人民检察院刑事诉讼规则（试行）》的相关规定，审查起诉阶段的补充侦查可以依情况由人民检察院自行侦查或退回原来的侦查机关侦查。补充侦查以两次为限，以免案件久拖不决。

人民检察院决定自行侦查的，应当在审查起诉期限内侦查完毕。自行侦查过程中如有必要，可以要求公安机关协助。

人民检察院退回原侦查机关侦查的，应当在一个月内补充侦查完毕。其中，由公安机关侦查终结的案件，可以将案件退回公安机关；由人民检察院侦查终结的案件，可以将案件退回原侦查部门。针对以上两种情况，原侦查部门都应当对案件的事实、证据和定性处理意见进行认真全面的审查，分析研究人民检察院退回补充侦查的意见，根据不同的情况，经有关负责人批准后，分别作出如下处理：①原认定犯罪事实清楚，证据不够充分的，在补充证据后，应当制作《补充侦查报告书》，移送人民检察院审查；对有些证据无法补充的，应作出说明；②在补充侦查过程中，发现新的同案犯或新的罪行，需要追究刑事责任的，应当重新制作《起诉意见书》，移送人民检察院审查；③发现原认定的犯罪事实有重大变化，不应当追究刑事责任的，应当重新提出处理意见，并将处理结果通知退查的人民检察院；④原来认定的犯罪事实清楚、证据确实充分，人民检察院退回补充侦查不当的，应当在《补充侦查报告书》中说明理由，移送人民检察院审查。

（三）法庭审理阶段的补充侦查

按照《刑事诉讼法》以及《人民检察院刑事诉讼规则（试行）》的有关规定，在法庭审判过程中，检察人员发现提起公诉的案件需要补充侦查，提出建议的，可以延期审理。也就是说，在法庭审理阶段，检察机关享有的只是补充侦查的建议权，其决定权掌握在审判人员手中。同样为了确保诉讼效率以及保障当事人合法权益，法律规定公诉人在法庭审理过程中建议延期审理的次数不得超过两次，每次不得超过一个月。同时，法庭审理阶段的补充侦查一般由人民检察院自行收集证据和进行侦查，必要时可以要求公安机关提供协助。

四、要求复议、提请复核

（一）要求复议

要求复议是指公安机关对同级人民检察院不批准逮捕决定或不起诉决定认为是错误的，依法要求同级人民检察院对其原决定重新进行审议的一项活动。公安机关可以对以下两种情况要求复议：

1. 公安机关认为人民检察院不批准逮捕决定有错误时，可以要求同级人民检察院复议。按照有关法律法规的要求，公安机关在收到人民检察院不批准逮捕决定后，应当立即释放在押的犯罪嫌疑人或变更强制措施，并将执行回执在收到《不批准逮捕决定书》后的 3 日内送达作出不批准逮捕决定的人民检察院。

对于人民检察院不批准逮捕的决定，公安机关认为有错误需要复议的，应当在 5 日内制作《要求复议意见书》，报经县级以上公安机关负责人批准后，送交同级人民检察院复议。

2. 公安机关认为人民检察院不起诉的决定有错误时，可以要求同级人民检察院复议。按照有关规定，公安机关在收到人民检察院作出不起诉的决定后，7 日内制作《要求复议意见书》，经县级以上公安机关负责人批准，移送同级人民检察院复议。

（二）提请复核

提请复核是指公安机关对于人民检察院不批准逮捕和不起诉的决定认为有错误时，向同级人民检察院要求复议未被同级人民检察院接受后，而提请上一级人民检察院重新核查案件的一种侦查活动。提请复核也有两种情况：

1. 公安机关要求同级人民检察院复议不批准逮捕决定的意见未被接受后，而向上一级人民检察院提出的复核。公安机关要求复议的决定未被同级人民检察院接受后，认为需要符合的，应当在 5 日内制作《复议决定书》一并提请上一级人民检察院复核。

2. 公安机关要求同级人民检察院复议不起诉决定的意见未被接受后，而向上一级人民检察院提出的复核。按照有关法律法规的要求，公安机关要求复议的意见未被接受的，如果认为有复核的必要，应当在 7 日内制作《提请复核意见书》，经县级以上公安机关负责人批准，连同有关材料一并报请上一级人民检察院复核。

思考题

1. 谈谈当前我国侦查启动程序的现状及完善。
2. 谈谈我国补充侦查制度的完善。

线上资源链接

参考书目

1. 任惠华主编：《侦查学原理》，法律出版社 2012 年版。

2. 徐为霞主编：《侦查学原理》，中国民主法制出版社 2007 年版。

3. 薛炳尧编著：《侦查学基础理论》，中共中央党校出版社 2009 年版。

4. 杨正鸣、倪铁主编：《侦查学原理》（第二版），复旦大学出版社 2013 年版。

5. 郭晓彬主编：《刑事侦查学》，群众出版社 2002 年版。

6. 王传道：《侦查学原理》，中国政法大学出版社 2001 年版。

7. 马忠红：《侦查学基础理论》，中国人民公安大学出版社 2006 年版。

8. 郭冰：《侦查学基础理论研究》，中国人民公安大学出版社 2010 年版。

9. 孙先伟：《侦查学基础理论研究》，人民日报出版社 2016 年版。

10. 任惠华、赵东平主编：《刑事犯罪侦查实务教程》，中国人民大学出版社 2013 年版。

11. 张玉镶主编：《刑事侦查学》，北京大学出版社 2014 年版。

12. 马海舰主编：《公安侦查基础工作实务》，法律出版社 2013 年版。

13. 翁里：《物证鉴定与犯罪侦查》，浙江大学出版社 2016 年版。

14. 肖承海、郭华、陈碧编著：《侦查学总论》，中国政法大学出版社 2019 年版。

15. 瞿丰、杨维根主编：《侦查总论》，中国人民公安大学出版社 2000 年版。

16. 倪铁：《中国侦查史论纲》，法律出版社 2016 年版。

17. 杨正鸣、倪铁主编：《侦查理论前沿问题研究》，法律出版社 2016 年版。

18. 刘洪波、刘潋著：《侦查思维谋略》，中国政法大学出版社 2016 年版。

19. 赵旭光：《刑事侦查的正当性问题研究》，中国法制出版社 2013 年版。

20. 邓思清：《侦查程序诉讼化研究》，中国人民公安大学出版社 2010 年版。

21. 刘刚主编：《侦查情报学》，法律出版社 2016 年版。